戸 K

关 于 文 艺 小 日 子 的 阅 读 良 方

TRAVELLING

LIVING

READING

http://www.echo-ok.com

《不一样的云南》编辑部

总 策 划 /　　柳　帆

策划编辑 /　　朱莹莹

版式设计 /　　唐一丹、汪仪珺

那些被时光湮没的地方 ……

不一样的云南

林小垚 著

中国旅游出版社

责任编辑：朱轶佳

责任印制：冯冬青

图书在版编目（CIP）数据

不一样的云南：那些被时光湮没的地方 / 林小垚著
. -- 北京：中国旅游出版社，2016.5
ISBN 978-7-5032-5616-5

Ⅰ.①不… Ⅱ.①林… Ⅲ.①旅游指南—云南省
Ⅳ.① K928.974

中国版本图书馆 CIP 数据核字 (2016) 第 088222 号

书　　名：不一样的云南：那些被时光湮没的地方

作　　者：林小垚
出版发行：中国旅游出版社
　　　　　（北京建国门内大街甲 9 号　邮编：100005）
　　　　　http：//www.cttp.net.cn　　E-mail：cttp@cnta.gov.cn
　　　　　营销中心电话：010-85166503
版式设计：谷声图书
经　　销：全国各地新华书店
印　　刷：北京金吉士印刷有限责任公司
版　　次：2016 年 5 月第 1 版 2016 年 5 月第 1 次印刷
开　　本：880 毫米 ×1230毫米　1/32
印　　张：6
字　　数：172 千
定　　价：36.00 元
I S B N　978-7-5032-5616-5

已经是 N 次行走云南了，始终感觉意犹未尽、欲罢不能！

我知道我已无可救药地迷上云南，这种迷恋如人食罂粟渐渐成瘾，以至每次摊开旅游地图、准备新的旅程时，目光总有意无意投向云南，多次的游历，对这个版图太过清楚，这种因熟悉而产生的亲近之感，常常让我不由自主地选择。于是，一次又一次地在朋友的疑虑里游走、在"还走不倦"的询问中体验——这块神奇的土地所带给我的惊喜和感动。

当我辗转找到坝美时，那种发现世外桃源的欣喜取代了旅途的艰辛，循着书中《桃花源记》体验真实意境，这样的旅程妙不可言；再没有比溶洞出入更为隐蔽的通道，再没有比桃树夹道、桃花遍野更为缤纷的胜景，田园牧歌、遗世独立的写意生活鲜明地反照出坝美之外狂飙突进的忙乱节奏，引发我们对生活意义的思考。滇西北险峻的山川孕育出"三江并流"的奇特景象，处于这个区域中心的丙中洛被称为"人神共住"的圣地，天堂般的美景与恶劣的气候并存，考验着人们的生存法则，因为相信这是众神护佑的地方，所以他们敬畏自然、感恩生活，这种简单而快乐的幸福温馨感人。当我们闯入神秘的独龙江河谷，陶醉于峡谷的深邃幽远和紫气生烟的幻景，也被独龙族妇女奇特的"文面"习俗震撼，柔弱的她们竟然以自毁容颜的消极办法抗击外族强虏，值芳龄无奈而决绝，至晚景凄美且孤苦，至今想起心头仍然隐隐作痛……云南深藏着太多这样鲜为人知的秘境，它们如醇酒不停发酵，似磁铁不断吸引我去找寻、涉足、感悟、书写，乐此不疲。

多民族、多元文化是云南一大特色，旅游因此充满风情和韵味。茶马古道刻画出生活的艰辛，古镇则是历史荣光的见证，茶和盐这两

种不可或缺的商品撑起这片区域千百年的繁忙与富庶，也决定了兴盛与衰败，更延续了生活和历史。和顺人"走夷方"是一种生活方式，哈尼族人打造梯田和东川人开垦红土地更多是一种生活态度，他们以同样的勤劳和坚忍创造奇迹，抒发对美好生活的向往。当然，不要忘记去老勐赶集，赴一场缤纷的民族时装盛会；也不要错过当地长桌宴，品一次千家万户的美食盛宴！

而我最满意的莫过于云南便捷的交通和舒服自在的旅游环境了。险峻的高黎贡山没能阻挡住云南人开山铺路的决心，当有着"生命线"之称的独龙江公路全线打通，云南"村村通公路"不再是口号，旅行从此显得方便和从容。自驾、租车或选择公共交通，甚至景区周边的机场，不管是穷游、小资游，还是奢华游，都可以不费吹灰之力让你到达目的地。你可以选择高大上的豪华风景房，也可以选择温馨惬意的小客栈；你可以步履匆匆，也可以发发傻呆。云南明媚灿烂的阳光总会温暖在你的上空，照耀你每次的行程！

有一种旅行，就直接叫作"云南"！

林小垚

目 录

缤纷油画
CHAPTER 4
· 东川

闺中景致
CHAPTER 5
· 武定

目　录

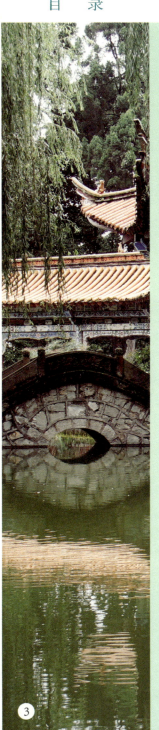

佛的
小城
CHAPTER ❾
·
芒市

神奇
之地
CHAPTER ❿
·
贡山

云南·下一站去哪儿
附录

· 坝美河河谷风光

坝美

坝美位于云南省文山州广南县城东北部，距离昆明450公里，距离广南县城43公里；地形东高西低，是个狭长形的坝子，四面环山；坝子里与外界的联系，全靠东西两端幽长深暗、流水不断的山洞（桃源洞和汤那洞）。

CHAPTER

1

世外
桃源

•

坝美

也许陶渊明未曾想到，他笔下近乎理想状态的
"桃花源"，竟可以一五一十地再现于现实生
活中。坝美，便是这样的世外桃源。

你对桃花源有多大的遐想，对坝美就有多深的
探奇。如果能循着《桃花源记》找寻桃花源，
让梦境撞入现实，让诗意走进生活，那该是一
种怎样的奇妙旅程！

坝美，走出文本的桃花源

· 静谧坝美，流水、小舟、人家

　　当第一次知道有处如《桃花源记》中描绘的神秘之地时，"坝美"这个陌生的名字出乎意料地植入了我那时常健忘的大脑，时不时撩动紧绷的神经。终于，我按捺不住了，循着美文、按图索骥，开启了一场寻找桃花源的旅行。

　　如今的坝美已没有那么难找了，有公路可以通达，有标识清晰指引，可以换乘马车和舟船，还有人领路，不费吹灰之力就能找到进入的洞口。要知道，这个深藏在大山里的村寨几百年来鲜为人知，几乎过着与世隔绝的生活。这样的隔绝，全赖于隐蔽的通道和天然的屏障，不是轻松就可以找寻的。

如今，旅游的发展，使遁世的村寨浮出了水面，原来难觅的险境已然成了通途。

站在溶洞外仰望，依然看不出任何小村的蛛丝马迹——坝美隐藏得好深！除了这个水洞，四周全是耸立的高山、茂密的植被；浑然天成的地面上，找不到进出的小道；山上没有看到攀爬的痕迹，更不用说隐蔽的捷径了，谁也无法想象越过山头的另一番天地。因此，在很长时间里坝美未受外界干扰，没有兵荒马乱和苛捐杂税，保留下来的是质朴本真和宁静祥和。陶渊明苦苦追寻的梦境，千年之后却意外显现了。

我想，坝美遗世独立的风情从一开始便注定了，这是上苍给予的恩赐。只是，传说如桃花源的坝美，能展现出多少诗人笔下的意境呢？

陶渊明笔下的武陵人是弃船、入旱洞误入桃花源；我们则是沿溪、坐船过溶洞寻找坝美，书一开篇展示的景致美轮美奂，现实却是漆黑、深不见底的水洞。当然，武陵人独自一人贸然闯入，前情未卜，心中忐忑；我们结伴而行有人引路，淡定欣喜，心情大不相同。

武陵人寻桃花林而入桃花源，我们过桃花洞见桃花林，不知是巧合，还

· 傍晚时分，赶着牛群回家

是有意营造。在坝美的小道上，桃树是最招摇亮丽的迎宾树，桃花谷是最浪漫迷人的游览地，每年的2、3月，漫山遍野的桃花缤纷盛开，坝美何止是桃花源，简直是桃花的海洋。

进入坝美村，场地逐渐开阔，屋舍俨然、阡陌交通、良田秀水，真实地再现了《桃花源记》。四周群山起伏，喀斯特清秀的山峦勾勒出优美的线条，风姿绰约；简朴的屋舍大多依山势而建，鳞次栉比，错落有致，但见炊烟袅袅；寨子里的大榕树，苍劲挺拔，树下有老人打盹儿、妇人家常、孩童戏耍、群鸡觅食。一条河缓缓穿寨而过，蜿蜒勾勒出村寨的柔美和动感；河的两旁翠竹簇拥，良田千顷，不时见到勤劳耕作的身影，或田间挥锄，或驱牛犁地，或肩担疾行，呈原始农耕之乐。傍晚时分在田间小路漫行，空气中弥漫着泥土的清新气息，水田里倒映出群山的倩影，还可听见归圈的黄牛脖间悠扬悦耳的铜铃声……这一切谱写了坝美自然生态的田园牧歌。

· 坝美的陆上交通工具——马车

溶洞，通往静谧坝美的绝妙通道

· 汤那洞

坝美村是个封闭的寨子，四周山峦环抱，进出通道与众不同，无旱路，须缘溪走水路，坐船过溶洞，或桃源洞或汤那洞，无捷径。

桃源洞位于法利村，从售票处至洞口约 1 公里，步行或乘马车皆可，沿途是原生态的秀美风光，空气清新，赏心悦目。桃源洞约 980 米，洞内漆黑无光，水深无底，船在黑暗中摸索前行，我们有些忐忑不安，偶见一丝光线，失声尖叫，船夫淡然道：得经历"三暗三明"方出得了溶洞。我们只好继续在黑暗中等待，这一段水路走得相当漫长。终于，当看到第三道曙光时，出口就在眼前——只见竹影婆娑、流水湍急、水车傲立，一股清新之风迎面拂来，果真是不一样的世界！弃舟，沿着修缮完好的小道而行，两旁桃树夹道而来，满树的生桃，粉粉嫩嫩惹人怜爱。

汤那洞就在汤那村，售票亭的入口处便是洞口。这一段水路约860米，洞内布有灯光，不似桃源洞黑漆漆的令人惶恐，可欣赏到溶洞的奇岩怪石。出了溶洞，还须走一段旱路，可换乘马车。一路上美景如画：喀斯特地貌的山峦小巧清秀，变幻多姿；谷底沟壑纵横，流水潺潺；或路过桃花谷，或经过翠竹林，皆生机勃勃，绿意盎然，就连那成片的青草地，也肆意生长。如此山野气息，清新自然，胜似陶渊明笔下的"桃花源"。

不知不觉之中，一座青山横亘眼前。路的尽头有水道，再坐船沿洞而入，别有洞天。溶洞极小，拐个弯便又重见天日了，景致却宛然不同，这是一片水上森林。河谷两旁树木遮天蔽日，长势茂盛，渐入水中；水中倒映着群山树影，青的山、绿的水，波光荡漾，形成了绝妙的河谷风光。船缓缓在河道中行驶，如荡入一条悠悠的绿色隧道，若不是耳边不时传来鸟鸣、猿啼，已恍惚不知身在何处。

· 汤那洞口

· 溶洞出口，渐入水上森林

云南小旅行

· 藏于深山中的隐蔽洞口

　　这段景区的山峰高耸入云，大多是悬崖峭壁，地势险要、人烟罕至，唯有猿猴出没，称为"猴爬岩"。船行至猴爬岩弃舟上岸，就进入坝美村了。

　　不管是从漆黑的桃源洞进入，或是走汤那洞和猴爬岩，处处是隐蔽的水道和险要的地势，若非旅游开发，寻常人既难找到，更难闯入。天然地理条件促成了坝美村的与世隔绝，使之不受外界干扰，避免了战争祸端，保留了原始自然的田园风光。单凭这点，就是现代人梦寐以求的世外桃源。

TIPS：

　　在坝美旅游，景致都在途中，从坐上马车、进入溶洞开始，便进入了一段奇特的旅行。不管是从桃源洞还是汤那洞均可坐船进入坝美村，沿途的景致非常秀美。特别是猴爬岩和河谷风光段，一定要静下心来重走，感受坝美天然质朴的山水风光。门票只提供一次进出交通费，如果重返乘舟须每人再缴费8元，相当合算。

村寨，初识遁世之静美

· 风雨桥

　　旅游发展使坝美不再是隐秘之地，原来遁世的村寨渐渐浮出了水面，只是这里的人们不知道，外面的世界已然过了几百年。

　　据说，坝美原是一片沼泽之地，坝美的先人为了躲避战祸，逃难于此。他们择水而居，砍柴填沙，垫干沼泽，引水挖渠，开荒造田，过着与世隔绝的生活，悄声无息地繁衍生息。

　　坝美村寨不大，仅100多户，600余人。这里生活的都是壮族人家，以黎、黄、农姓氏居多，世代居住于此。老一辈大多数鲜与外界联系，有的甚至一辈子都未曾走出过大山，他们只讲自己的方言，听不懂普通话；而年轻一代大多已接受外面世界的新鲜事物，憧憬着美好的现代生活，也给安逸静谧的坝美带来了些许躁动和变化。

变化最大的是家庭旅馆的兴起。邻近路边的屋舍大多经营家庭旅馆，不高的楼层醒目地打上招牌，淡淡的商业气息悄然弥漫于这个简朴的村寨中。旅游的发展使当地人看到无限商机，宁静的村庄开始骚动起来。

新建的房子较坝美传统的民居有很大改观。早期的房子以木板搭架，树枝围拢，墙壁是泥巴、牛粪和成的黏土，虽遮风挡雨，通风保暖，但甚为简陋，如今已逐渐被淘汰。现在，坝美人的居住条件明显改善了，房子讲究舒适和美观，基本是现代建筑模式，基础以水泥钢筋为主，砌墙砖，保留着瓦顶、抱厢、前置凉吧或围栏的"吊脚楼"格局，住进去与现代房屋无异。我最喜欢的是凉吧，既可遮风挡雨，又可乘阴纳凉，是泡茶聊天的好场所。

一方水土养育一方人，坝美村优越的自然环境造就了坝美人自给自足、安乐祥和的生活状态。大片水田孕育了饱满的稻穗，坝美鲜艳诱人的五色米

· 坝美村寨

· 坝美妇女的日常着装

· 香糯可口的五花米

除了满足视觉，香糯可口的味道也刺激味蕾；每年2、3月份，漫山遍野粉的桃花、白的梨花和铺天盖地黄灿灿的油菜花把坝美装点成花的海洋，也昭示了丰收的喜悦；河里的小鱼似乎取之不绝，随便撒个网，活蹦蹦的一箩筐，油炸香酥，天然环保。

坝美人的衣着全是土布，纯手工制作。这里几乎家家都有作坊，从纺织、漂染、制衣到绣花，每家都有能手。他们的帕角包头、鸟形圆摆衣、百褶裙、宽裆裤已经形成独特的民族文化，也是坝美一道亮丽的风景线。

TIPS：

　　坝美的生活简单安逸，村民热情友善，老一辈大多不懂普通话，问路时可找年轻人咨询；他们着装具有浓郁的民族特色，拍照前应先征求他们的意见，以示尊重；一般会同意。坝美的商业气息不浓，偶尔有零散的小摊，兜售的是五色米、炸河鱼、油炸粑，都是纯天然食品，大可放心食用。

云南小旅行

大榕树，坝美的世代印记

· 青翠苍劲的大榕树

　　大榕树是坝美的地标，大概也是村寨的中心，不管从哪个溶洞进入，最后都在这里集合。

　　这棵大榕树粗壮挺拔，根部盘根错节，筋骨毕露；树干粗大结实，五六个人也合抱不拢；枝叶向外舒展，枝繁叶茂，尽显老当益壮；大榕树的造型神武，在村寨里极为显眼，就像一把擎天大伞，护佑这一方安宁。

　　没有人知道这棵大榕树历史有多悠久，询问了当地人，只知从有记忆起便已存在了。榕树陪伴着他们成长，见证了他们几代人的生老病死、悲欢离合，就像他们生活的一部分，已经融入了记忆的底色。这种底色，经历流年不曾消退；这种底色，背井离乡越发清晰。这就是家乡的印记，属于坝美的印记。

或许是坝美的先民找到这块避世之地后，种下了一个心愿：希望族人的繁衍如榕树一样枝繁叶茂，也希望榕树见证村寨的生生世世。因此，榕树对这个村寨而言，似乎有着特别的情感和意义。

我们正好住在大榕树后的家庭旅馆，偌大的观景平台，可以观赏到坝美的秀丽景致：前面空旷的场地已开辟成景观花园，青石铺就的圆形广场铺着精心养护的草皮，散落着有坝美建筑特色的风雨亭和风雨桥，不远处坝美河缓缓穿过，再加上四周喀斯特山峦景观为背景，简直是一幅秀丽的山水画。在广场上，随便一个角度取景，都自然清新，美轮美奂。我们将小方桌搬到了阳台上，在星星相伴的夜晚或鸟儿鸣啼的晨曦，品着茗茶，远眺美景，呼吸着清新空气，无比惬意！

房东是一对年轻夫妇，寡言讷语，他们是较早到南方打工的年轻人，赚了第一桶金便回来建房子，经营旅馆，占领先机。他们在大榕树后占据了最佳地形和位置，其实家庭旅馆只建了一半，他们憧憬说等攒够了钱再建。这种先知先觉已经让他们尝到了甜头，当地政府已意识到坝美的建设规划，建房要审批，像这样的黄金地段已申请不到了。

大榕树是坝美人的活动中心，也是最热闹的地方。村里人闲着无事，总喜欢聚在榕树下纳凉，聊家长里短。榕树下摆有一两个小摊位，兜售本地的土特产和中草药。老母鸡带着小鸡经常凑热闹，啄石觅食，毫不怕生。女房东空闲时喜欢站在榕树下眺望，是盼郎归，还是等客来，不得而知。

榕树下每天都在演绎着寻常的日子，重复着家长里短；寻秘的旅人总步履匆匆，每天都有新的面孔。我们站在阳台上看景，不知是否也同榕树一样，成为别人眼中的风景。

· 桃源洞出口

坝
美
河
，
男
人
和
女
人
的
河

在坝美村，最具风采和韵味的莫过于坝美河了。

这条神奇的河流自溶洞而出，蜿蜒曲折地穿过整个坝子。它的神奇之处在于调皮善变，就势顺利：水过溶洞时，深不见底；水流河谷中，碧绿深邃；水经坝子后，河道变浅，清澈见底。但不管如何变化，进入坝子的河水极为温顺，水流平缓，仿若波澜不惊，以致我至今还无法确认，河水是自汤那洞而入，抑或是桃源洞。

河水流淌过的地方滋养了肥沃的土地，灌溉了农田，使坝美良田千顷，四周葱郁、生机盎然；良好的生态环境造就坝美风调雨顺、五谷丰登，百姓衣食无忧、生活自给自足，也养成了他们遗世独立的平和心态，世代安居乐业。可以说，坝美河就是坝美的母亲河。

有意思的是，坝美河流经坝美时，出乎意料地分成了两支，不久又自然合流。河的两旁翠竹簇拥、树木茂盛，形成天然屏障，是当地人沐浴的天然场所，并约定俗成地分为左女右男，当地人也称之为"鸳鸯河"，左边的河流叫"女人河"，右边的叫"男人河"。

我没有想到这么充满想象力的男人河、女人河的由来如此简单直白，似乎更期待听到优美动人的传说，或刻骨铭心的典故，抑或是添油加醋的八卦。但是，真的没有，连河流也如坝美人一样质朴、实诚。

相比于其他段的河流，男人河和女人河的河岸高出许多，树木特别茂密，显得十分私密隐蔽，果真是天然的浴场。我们来时是白天，不见大人踪迹，只有三五个孩童赤身裸体在河边戏水、攀爬树木。据说每到夜晚，辛苦一天的坝美人便三五成群结伴到各自区域，让河水洗濯一天的劳累。两条河流相距不远，但当地人纯朴，没人敢越雷池半步，能穿越的只有戏水的声音和想入非非的思绪。

· 在坝美河上洗刷

· 坝美河

　　在坝美的两天，几乎我们所有的活动范围都围绕着这条美丽的河流。傍晚，踩着夕阳的余晖，沿着岸边信步闲逛，清风吹拂，美景如画。在淡雅婉约的风雨亭边留个倩影；好奇地走近男人河和女人河窥秘；感受农人劳作的田园乐趣……如果还不够，走到桃源洞口，聆听飞燕的鸣啼。第二天清晨，伴着晨曦，乘舟过猴爬岩，慢慢欣赏两岸河谷风光，再进入桃花谷，听谷底沟壑流水潺潺，看"人面桃花相映红"。这样如诗如画的景致，岂可浪费在步履匆匆的行程中，必须要留出整段闲暇的时间，和一份悠闲的心情，慢慢游览、细细品味。

　　也许，夜幕下的坝美河更加婉约动人，但我们终究没敢靠近男人河或女人河，不想因旅人的好奇去打扰坝美人的生活，他们的风俗理应得到尊重。坐在观景台上，月光如洗，微风习习，望着若隐若现的河流，我仿佛听到了纯洁的笑声、欢乐的歌声，也听到了流水在歌唱。

TIPS：
　　坝美河是坝美的精华，坝美秀美的风光集中在河的两岸。所以不要小看这条平缓的河流，闲暇时间可到河边游逛、戏玩，傍晚与坝美人一样到河里洗刷，坝美的田园趣味就会在心中流淌。夜晚时分，不要轻易进入男人河和女人河，坝美人有裸浴的习俗，若非当地人许可和带领，禁踏雷区，以免惹上不必要的麻烦。

• 喀斯特地貌的景观山峦，小巧清秀

坝美这样玩！

坝美虽只是一个小小村寨，但充满田园趣味和慢生活情调，可安排两天时间，以充分领略坝美的风情雅致。

DAY 1

辗转至坝美，住宿休整。

傍晚，在坝美大榕树下的观景花园和广场游览拍照，然后沿河边闲庭信步，到男人河和女人河探秘，再走向田野中的步道。条条小道都连着村寨和洞口，一路上可欣赏到形似太师椅的轿子山等各种奇异山峰。有时间不妨再走回桃源洞，洞内外燕子满天啼飞，蔚为壮观！

晚上，坐在旅馆的观景阳台或者吊脚楼，观满天星斗，在绿色氧吧吸氧，喝着茗茶，与当地人闲聊。

DAY 2

步行到猴爬岩，坐船进入河谷，欣赏两岸绝妙的河谷风光。再行一段旱路。这段旱路可坐马车，但建议步行，景色非常秀美，可进入桃花谷拍照赏玩。至汤那洞时便是出口，可沿路返回。

若还有时间，可深入村寨参观坝美的古民居，了解坝美人的生活状态。可请当地人做向导，参观有当地特色的墓冢，或登高远眺。

Plus

基础信息

交通·

如何到达广南?

1. 离广南最近的机场是文山普者黑机场,再搭车至文山或丘北。昆明东部客运站也有车直达广南、文山和丘北,其中直达广南有两个班次,分别为 10:00 和 20:40,票价约 130 元,车程 6 小时;至文山和丘北班次较多。

2. 文山和丘北有多个班次至广南。其中,文山北桥汽车站 6:30~17:40 有班车至广南,每 20~30 分钟一班,车程约 3 小时。丘北县城老客运站有多个班次至广南,票价约 41 元,车程 3 小时。

广南如何到达坝美?

从广南县客运站搭 3 路公交车至法利村,车费 10 元,车程 1 小时;或在广南包面的至法利村或汤那村,包车费约 60 元。

法利村至坝美桃源洞还有一段路,买门票后有免费马车送至洞口;汤那村买门票后,有人指引至洞口。

从桃源洞或汤那洞均可坐船至景区。

门票·

坝美门票 100 元,含桃源洞、猴爬岩、桃花谷和汤那洞四景,以及三次乘船和两次坐马车费用。

住宿·

坝美多为家庭客栈,而且新建,硬件设施还行,房间内厕所、电视、淋浴设施一应俱全,标间价格在 50~100 元。建议投宿在大榕树周边客栈,空气清新、视野开阔。

美食·

坝美特色美食有五花米饭、岜夯鸡（酸汤鸡）、岜夯鱼、香酥河鱼。坝美家庭旅馆蓬勃兴起，但餐饮业相对滞后，几乎没看到什么像样的餐馆，偶尔有一两个路边摊，也只提供简单的面食。但家庭客栈提供有简单的饭菜，一般要提前预订，是地道的农家菜，纯绿色食品，吃起来格外清香甘甜，放心无虞。

最佳时节·

坝美最美的季节是初春，桃花、梨花和油菜花缤纷绽放，美轮美奂。

民俗·

坝美保留着壮族浓厚的传统文化及民俗活动。寨里每年都按时节举行祭龙、祭祖、围鱼、对歌、龙垭歪、花糯米饭节、斗鸡、泼仙波、领夜种神田、耍狮子、踢叶子球、踢毽子等活动；婚丧嫁娶按风俗礼仪规定严格进行，有坐家、吹树叶谈情说爱、舂粑粑定亲、走着出嫁、送葬要献白、用筒钱杆等民俗。

着装·

妇女的盛装为黑底花格帕角包头，黑、蓝、紫色圆领、窄袖、窄腰、左斜襟鸟翅形圆摆衣，黑色百褶和长裤，脚穿绣花布鞋；便装为黑头帕、花头巾，青、蓝、黑、白色圆领、宽袖、宽腰、左斜襟圆摆衣，黑色长裤，绣花布鞋；男装为黑色包头帕，黑色对襟衣、宽裆裤。鸟形衣装与古代壮族先民鸟崇拜有关。

再逛逛

八宝 ·

有"高原小桂林"之誉，位于广南境内。百里平川之上，重峦叠嶂，秀水蜿蜒，飞瀑磅礴；奇洞巧穴之中，曲径通幽，怪石林立，千姿百态。以一河（八宝河）、两瀑（三腊、戈丰瀑布）、三洞（汤那、牙方、三腊溶洞）、四奇（奇特的喊泉、奇异的风洞、奇怪的洞鸣、奇特的怪石）、五古（古崖画、古人类遗址、古文字、古文物、古桥）最具旅游观光价值。八宝壮族十三寨是云南省最具特色的壮族田园村落。坐竹筏顺八宝河而下，喀斯特地貌、万亩贡米稻田、13个壮族村落依次排开，宛若仙境。目前旅游设施还有待全面开发，被参观较多的为三腊瀑布。

交通：从广南搭公交车可至。或从昆明搭车至富宁，在广昆高速路（广西至昆明）边八宝下。

峰岩洞 ·

被誉为"天下第一奇村"。位于广南县城东南 100 多公里的南屏镇安王村的崇山峻岭之中。全村 59 户、285 人穴居于一个高 50 米、宽 200 米的山洞里，溶洞坐东向西，周围绿树掩映，开阔倒八形的洞口充分吸收着洞外的自然光线和偏西的阳光照射。站在洞口，整个村寨一览无余。现在，峰岩洞已无人居住，但洞内民居和生活用具仍保持原样。

交通：从八宝搭公交车至南屏镇，有柏油马路可通，交通便利。南屏镇到安王办事处约 9 公里，晴天可乘吉普车或拖拉机。从安王到峰岩洞约 10 公里，全为崎岖乱石羊肠小道，步行约需 3 小时。

• 峰峦叠嶂的喀斯特景观

普者黑由众多湖泊、喀斯特峰林、溶洞和少数民族村落组成，以『水上田园、彝家水乡、岩溶湿地、荷花世界、湖泊峰林』而著称。

景区内65个景点各具千秋，312座孤峰星罗棋布，83个溶洞千姿百态，54个湖泊相连贯通，水质清澈透明，是夏日休闲度假的好去处。

CHAPTER
2

壮阔
山水

●

普者黑

这是一个夏日休闲的好去处！
这是一幅波澜壮阔的山水画！
荡一叶扁舟，驶入画中梦境，迷失在山水相依、
连绵不绝的绮丽中；或者，扬起旌旗，与相识
或不相识的旅友打一场畅快淋漓的水仗；也可
以，坠入藕花深处，去惊起一滩鸥鹭！恣意人生，
莫过于此。

普者黑，一卷雄奇秀美的山水画

· 青龙山上俯视普者黑，良田万顷

寻访普者黑，或者是因为《爸爸去哪儿》画面里不经雕琢的屋舍，或者是碧波万顷的湖面，抑或是奇特的喀斯特山峦景观……身临其境之后你会发现，这就是一幅镶嵌在天地间的山水画卷，既五彩缤纷又波澜壮阔！

普者黑位于云南省文山州丘北县境内，融合了山奇洞幽、万亩荷池、田园人家等诸多元素，形成了风景独特的自然奇观，特别是《爸爸去哪儿》的热播，令普者黑受到追捧，游客络绎不绝。

车子一驶进文山州地界，雄伟壮观的山峦开始变得小巧玲珑，孤然耸立。优雅起伏的线条在大地间跳跃，如写意的丹青，次第铺展，喀斯特山峦景观一路掠过，美不胜收。

越靠近普者黑，山峦越发奇特和清秀。当一座座孤峰耸立于碧波之中，昂然于平坝之上时，绰约风姿隐现：山峰如塔如斗，陡峭如削似刃，形态清新脱俗，绿意青翠逼人，连同水中倒映的影迹，如梦如幻，恍若仙境。普者黑的景区内有 300 座这样的孤峰，平均相对高度百余米，座座千姿百态，雄奇秀美！

除了奇特的山峦，普者黑的水也令人赞叹！"普者黑"彝族语为"盛满鱼虾的湖泊"之意，这里的水域面积达 2 万余亩，有 54 个湖泊相连贯通，形成了连绵不绝、波澜壮阔的态势。

这里的水真美！清澈透明，隐约可见游动的水草；波光粼粼，辉映着太阳的光泽；波澜不惊，静如处子般地守候着这份祥和与美好。湖面真阔啊，满盈盈的仿佛要溢出来，一眼望不到尽头；群山装点着水域，星罗棋布，变幻着美景。每年的 5、6 月份，万亩荷叶绿莹莹地铺满水面，接天连碧，如绿浪翻滚，气势磅礴；偶入荷花深处，暗香流动，沁人心脾。行舟于此，疑是人间瑶池，如画里梦游。

清晨或傍晚时分，登上普者黑的青龙山或仙人山，则会看到不一样的普者黑景观。

从高处俯视，普者黑的全景一览无余。青绿的山峦、澄亮的水域、安静的小村庄、大片大片或绿或褐的良田，在霞光的辉映下，如一幅巨大的山水画，波澜壮阔地展现在眼前。山峰层峦叠嶂，又似一朵朵盛开的睡莲，缤纷绽放；山水相连间，村庄和田地仿佛漂浮于水面上，衬托出一派静谧和柔美。日出和日落时分，天空的色调总是缤纷多彩，无雾的日子里，蓝的更蓝、艳的更艳，叠加出视觉的震撼；有雾的时候，昏昏黄黄、朦朦胧胧、混混沌沌，显露出悲壮氤氲的气氛。

四时不同，远近不同，角度不同，展示的是不一样的景色效果，或许这就是普者黑的独特之处，要不，怎么能让人如此着迷、难以忘怀！

乘舟，来一场肆意狂欢的水仗

· 打水仗

来普者黑，一定要乘舟览胜，徜徉于仙境般的湖光山色，你会感觉十分惬意。而打水仗无疑是一场无法躲避又激情四射的水上活动，是这里最为酣畅淋漓、最有趣的娱乐项目了。

普者黑的景区，除了火把洞、月亮洞和观音洞设卡检验门票外，其他景点都呈开放状态，任你游览。但是，如果你由此放弃乘舟游湖，就感受不到普者黑的韵味，便也领略不到它的精髓，体验不了其中的乐趣。

在景区门口，购买一张船票200元，已含火把洞、月亮洞、仙人洞和观音洞四洞的门票，可环游蒲草湖、天鹅湖、仙人湖、普者黑湖等众多湖泊，游览时间达四个小时，有船夫专门为你划桨掌舵。即便只有你一个人，船也愿为你单独启航，无须等到客满。这样的贴心服务令人有当一回"上帝"的感觉。最主要的是，在饱览湖光山色的同时，轻轻松松地将普者黑的精华一网打尽。

打水仗是这个游览项目里最意想不到的惊喜，不管你愿意不愿意，身入其中已是身不由己了。

刚刚坐稳景区专制的铁皮小舟，筋络还未舒展，战鼓已然擂响。冷不防一通狂轰乱炸，在你还未反应过来的时候，瓢泼大水已从天而降，接着紧锣密鼓地，一瓢快似一瓢，让人全无喘息之气。兵贵神速，打敌人无防备之战，战无不胜。顷刻间，从头到脚湿漉漉的，狼狈之中全乱了方寸，毫无招架之力，倒是清凉的冷水使头脑清醒，水眼朦胧间敌人已偃旗息鼓，提着水勺得意地狂笑。

缓过神来，明白第一回合明显处于劣势，不服输的劲儿往上涌，脑海里只有一个念头：反击，反击，坚决反击！手脚忙乱间，舀起湖水不管不顾地向对方泼去，号角重新吹响，战斗再次打起，一时间水花四溅，不辨东西南北，

· 两军对垒，暂时偃旗息鼓

进攻也全无章法，更甭提战略战术了，提着一股劲，一鼓作气地向外发力，此时比的是速度、是耐力、是毅力，直至筋疲力尽。

其实，这样的单打独斗还能勉强应付。当几艘"战船"同时发起进攻，水仗更加激烈，场面更加壮观。水势一波一波袭来，水花四处飞溅，全然分不清敌我，同盟的誓言早抛至脑后，战斗最后，只要是看到人、有点影迹、有点声响，就不管三七二十一——泼水！就这样不管不顾地尽情撒野，无拘无束地放纵，肆意狂欢。

几番回合，我大概也摸清了水仗门道，总结出一些制胜的心得：一是攻人不备，抢战先机，先下手为强。用这一招偷袭刚下水的新手，一招制胜，屡屡得手。二是一鼓作气，再而衰，三而竭。水仗讲究的是气势和耐力，狂轰乱炸之术可令对手无招架之力。三是迂回作战，左右开弓，不陷旋涡中心。在混战之中，尽量不处于战争中心，而是从外围包抄，进可攻退可逃，避免成为众矢之的，动弹不得，吃尽水花。

因为当地有泼水节的传统，少数民族认为善意的泼水是祝福，可以带来吉祥好运。所以在普者黑泼水、打水仗已经成为约定俗成的游戏，演绎着天天泼水的祝福和快乐。当然，你如果实在无意于这样的游戏，可早早地挂免战白旗，远远避开，以免成为幸运的"落汤鸡"。

但是，既然来到普者黑，怎能置身度外，而不众乐乐呢！

TIPS：

1. 在普者黑乘舟要做好防晒工作，湖面阳光曝晒，日照时间长，建议涂防晒霜、戴墨镜和遮阳帽，以防皮肤被晒伤；

2. 上船前穿好救生衣，手机、相机、手表等贵重物品寄存或用塑料袋包好，以防淋湿；

3. 准备水枪、水勺或脸盆等武器，准备一套干衣服备用，怕淋湿的人可穿雨衣。

4. 水上烧烤是这里的特色美食。捞起水中新鲜的小鱼，还有玉米、臭豆腐、土豆之类，现烤现吃。莲子粥、荷叶包鸡、荷叶饭等也是难得的美味。

水上溶洞，入洞方得惊喜

· 溶洞景观，以藏水著称

　　普者黑的溶洞以藏水驰名。这里的山矗立水中，水穿洞而过，形成了独特的水上溶洞景观，整个景区具有观赏价值的大小溶洞总共 83 个，其中以仙人洞、月亮洞、火把洞和观音洞最具特色。

　　月亮洞与火把洞相连。我们弃舟登岸，自火把洞而入。火把洞，顾名思义，以洞内有块形似"火把"的钟乳石而得名，在灯光的照射下，火把石的火焰似乎正在熊熊燃烧，形象逼真。洞内设施建设完善，因地制宜地铺起了石头路，暗河部分架起了石板桥，安装了护栏，行走十分舒适、安全。与所有溶洞一样，洞里打上五颜六色的暧昧灯光，映衬得奇形怪状的钟乳石更加光怪陆离，以各种或形似或神似的造型引来大家驻足流连、啧啧称赞。

相比于旱洞，这里的溶洞多了份迷离和妖娆。暗河缓缓穿洞而过，水的流淌、灯光的作用为溶洞增添了灵气。水中倒影梦幻了视觉，甚至让人分不清哪是倒影、哪是原形，别有一番韵味。有一处"出水芙蓉"景观，壁上的钟乳石因为常年不同程度滴水的缘故，显示出参差不齐的菱形，而倒影则如一朵盛开的芙蓉，令人惊艳。还有一处水下倒影，显现出巍峨的城堡、高耸的塔尖、裸露的丘陵，大漠沧桑、绝傲风情一览无余，而再观灯光打上的顶部，凹凸不平、平淡无奇，两种截然不同的景象，令人称奇。

从月亮洞出来，观音洞就在边上，沿山道徒步可上普者黑最高峰青龙山，登高俯瞰，普者黑如山水画卷般的秀丽景致一览无余。这里建有青龙山码头，是游客的落脚歇息之地，铁皮舟都就此靠岸休息。游客或参观溶洞，或登高远眺，还有一大片的大排档，供游客中午用餐。

观音洞是一处人文景观，以供奉观音而得名。洞内的观音塑像千形百态，有滴水观音、侧卧观音、千手观音、渔人观音等各种造型，件件雕工精湛，面容祥和，惟妙惟肖。

仙人洞是一条无障碍的水下通道，位于仙人山下，须再乘舟前往。山下的临水临崖处有一洞口，被亭榭装点，挂有一只虎头张口迎客。虎口下的洞穴有点阴森，但虎头标志极好辨认。此洞不长，洞幽水深，小舟可直接驶入。大概是因为洞穴贯通，风穿穴而过，有点凛冽，形成了声势击浪拍岸的效果，一时风鸣浪涌，瞬间惊涛骇浪，气势有点夸张，但只是虚张声势而已。普者黑的湖面一直都是风平浪静，波澜不惊，唯有此处闹点动静，有点意思，刺激但安全。

小村庄，张亮和天天的质朴天地

· 张亮和天天客居的农家

一叶小舟，泛波逐流，可在普者黑消磨去大半天光阴。除了目不暇接的山水风光，令人赞叹的溶洞奇观，还可上岸边的村庄小憩，感受纯朴自然的田园风光。

听说《爸爸去哪儿》中张亮和天天居住的农家就在此地，我们慕名前往。

他们住的这座小房子，坐落于田野间，其貌不扬，感觉近在咫尺，找寻却颇费周折。绕过一片良田，走过田埂小道，时而凹凸不平，时而泥泞不堪，时而跃过沟渠，还要小心地不伤到菜田农地。

这座鹤立鸡群的房屋为普者村的一位老奶奶所有，老人的子女在村里已盖了新房，老人舍不得老房子，独自在此照看。自从《爸爸去哪儿》摄制组选用了这个房子后，经常有游客前来参观，很有商业头脑的老人干脆就地开张，还原当初张亮和天天居住时的场景，打了"《爸爸去哪儿》普者黑5号房"的广告，名码标价一人5元，做起生意来了。因为是老人的生意，当地人也都热心推荐，参观者众多。

张亮和天天居住的卧室着实简单，砖头墙、水泥地，原坯原样，没有任何的粉刷修饰，墙壁甚至因常年使用而略显发黑。房内设施简陋，摆有一张木架床，床上用品花红柳绿，再有就是一条破败的沙发和老式柜子，唯一的现代用品是一台过时的小电视机。房屋的外边是柴房和猪舍，最令张亮满意的大概是屋外烧柴火的土灶，土灶靠墙而筑，大口锅，顶上以树枝简单搭架，塑料棚遮蔽。这大概是张亮苦中作乐的地方吧，以他的厨艺，简单的食材都能变化出美味佳肴，从这里新鲜出炉！

当然，乡村自有乡村的韵味和风情！这里有城市里没有的清新空气，那么自然甜美，沁人心脾；这里没有城市里逼仄的钢筋水泥森林，极目所至空旷静谧，绿意盎然；晴朗的晚上能看到满天星斗，听到和风、潺水、蛙声和鸟咕的协奏，体验一种与城市全然不同的田园风情！

TIPS：

　　普者黑自然村行政隶属于云南省丘北县双龙营镇，村内道路多为土路，经济以农业和畜牧业为主。随着《爸爸去哪里》的热播，普者黑村也成了游客寻秘探访的胜地，摄制组选用的1~5号明星房经常有游客参观体验，这些房子均为民宅，收费5元。

云南小旅行

· 从仙人山上俯视，山水村庄相连

仙人洞村，在此投入一宿美梦

　　来普者黑，大多投宿于仙人洞村或普者黑村。

　　仙人洞村已建设成彝族文化生态村了，商业气氛浓厚，基础设施较为完善，宾馆、度假村和客栈众多，出门可以随手招到马车（景区交通工具），晚上还有彝族歌舞表演。普者黑村则比较原生态，村庄保持着浓厚的乡土气息，房屋质朴，村道还是泥土路，然而，这不失为体验当地田园风情的一种选择。最主要是《爸爸去哪儿》节目中的爸爸和孩子们旅居的农家就分布于此，闲暇之余可一一参观体验，感受节目里有趣的生活场景。

　　权衡再三，我们选择投宿仙人洞村，一是因为那里宾馆、客栈较多，条件较好，选择的余地较大；二是毗邻景区大门，出入方便。这里的客栈很有特色，青瓦镶嵌的屋顶，精雕细镂的木质窗户，恰到好处的色彩装点，有的甚至在窗户、门框上装饰着各种花哨的花边，既有现代气息又洋溢着民族风情。房屋大多独宅独户，偌大的庭院种植着花花草草，感觉温馨浪漫又生机盎然。

这是我理想的客居之地，寻着装修雅致的客栈问宿，一问三家，竟然都客满。普者黑的旅游旺季是荷花盛开的5、6月份，如今这个青黄不接的季节，住宿竟然有点紧张，是《爸爸去哪儿》节目的播出效应，还是普者黑天生丽质使然？

终于寻得一家临湖的客栈，不起眼的门面、拐角的位置，不太好找，却占据着湖光山色，令人欣喜若狂。

拉开房间窗帘，一湖的景致扑面而来，整墙的透视玻璃，清晰地揽抱着

· 独具风情的"九重葛"民宿

· 占据湖光山色的"仙人居"民宿

仙人洞湖，无遮无掩，只见孤峰青翠、碧波荡漾、荷叶攒动，如一幅大气的山水画镶嵌在房前，美哉壮哉！此时，一帘夕阳斜射进来，将屋内渲染成一片金黄，映衬了房间的宽敞干爽，窗明几亮。一头扎进雪白的床铺，棉被里阳光的味道不经意地散出，舒坦极了。这个标房的设施极为周全，独立卫浴，24小时热水供应，各种用品一应俱全，是我这一路的旅程感觉最惬意、最舒爽、最实惠的房间。

　　我们找客栈老板借了方桌和椅子，临窗而摆，空间还绰绰有余。取出茶具，泡上茗茶，就着窗前美景品味，一天的辛苦劳累已飞至九霄云外。

TIPS：
　　此次所选住宿名为"双仙农家乐"。一家临湖客栈，风景秀美，设施齐全。标间价格100元，联系电话：15812270554；0876-4610605。

普者黑这样玩！

· 仙人洞洞口

如果只是简单地环湖览胜，半天就够了，若想感受普者黑的波澜壮阔和田园乐趣，建议在此停留三天两晚。

DAY 1　　　到达普者黑休整住宿，下午登仙人山，俯瞰普者黑全景。晚上参加彝族人歌舞晚会。

DAY 2　　　在景区门口买船票，环湖游玩一天。可以先打水仗，览湖光山色，然后，慢慢进入荷花胜景；中午在普者黑吃午饭，参观《爸爸去哪儿》拍摄地明星房；继续乘舟并参观水上溶洞。

DAY 3　　　一大早坐马车登青龙山观日出，览普者黑全景；之后或继续在仙人洞村和普者黑村消磨时光，或打道回府。

TIPS：
　　登仙人山和青龙山所看到的普者黑全貌截然不同，建议有时间的话一起游览，且最好选择傍晚日落和清晨日出时分。

Plus

基础信息

交通·

如何到达丘北?

1. 从昆明机场搭飞机至普者黑机场，再转车至丘北县。
2. 从昆明东部客运搭车至丘北县，全程 287 公里，5 小时，票价 54~70 元。
3. 罗平、弥勒、师宗、泸西等地均有班车往来丘北县。

如何从丘北至普者黑?

1. 从丘北客运站搭公车至普者黑景区大门，全程 13 公里，票价 2 元，半小时一班。直接包车约 60 元。
2. 从普者黑景区大门可徒步至仙人洞村，只有一条石头路，需要 5~6 分钟；或从景区大门搭马车至仙人洞村，费用 10 元。
3. 普者黑景区大门靠近仙人洞村，与普者黑村是不同的概念。坐船可至普者黑村，也可从丘北县城或普者黑景区包车至普者黑村。

住宿·

普者黑景区有宾馆、度假村和农家乐，宾馆和度假村每晚 150~300 元，农家乐每晚 80~120 元，建议投宿在仙人洞景区附近，方便游览。除了前文提到的双仙农家乐，还推荐九重葛民宿，具有浓郁的民族风情。

九重葛民宿

价格：120 元
电话：0876-4610683
普者黑村也有一些家庭旅馆，但条件较为简陋，交通不太便利，费用一般在 50~80 元/间。

Plus

基础信息

Plus

再逛逛

民俗 ·

普者黑聚集着壮、苗、彝等少数民族，浓郁的民族风情构成了普者黑旅游文化的主流。各种节庆活动丰富多彩，如农历正月初二至初五是苗族的"花山节"；农历三月初三至初七是壮族的"祭龙节"；每年 7 月 18 日~8 月 18 日是普者黑彝族的"花脸节"，已成为全国少数民族民间文化的精品之一；每年 10~12 月是丘北的"辣椒节"。

舍得草场 ·

位于丘北县西北部，距普者黑景区 35 公里，以草场、高原风光、大型风车发电景观、浓郁的民族风情和革命根据地五绝而著称。舍得的高原草场面积达 10 余万亩，是休闲避暑的好地方。

摆龙湖 ·

距丘北县城 30 公里、距普者黑 18 公里，水域面积 3.6 平方公里，平均水深 27 米，透明度达 8 米。水质清澈，群山环抱，湖光山色，争相辉映。景区提供休闲、垂钓、露营、烧烤等服务。

· 普者黑景区内的休闲度假村

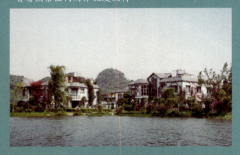

青绿的山峦，澄亮的水域，安静的小村庄，大片大片或绿或褐的良田，仿若一幅镶嵌于天地间的山水画，既波澜壮阔又不失静谧柔美。

• 坝达梯田

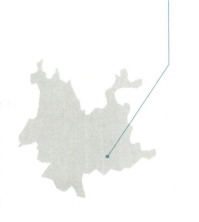

元阳梯田

元阳位于云南省南部的红河州，哀牢山脉南段，红河南岸，为低纬度高海拔山区。境内重峦叠嶂，沟壑纵横，无一平川。县城南沙距离昆明284公里，距州府蒙自71公里。

梯田最美的是日出和日落时分，绚丽多姿、梦幻迷离；大多数时候，只是展示磅礴气势而已。因此选择什么时段观看什么梯田景观尤为重要。多依树主要看日出，坝达和老虎嘴看日落，龙树坝日落日出都好看。

CHAPTER

3

大地艺术

·

元阳梯田

元阳，作为新兴的旅游重镇，正逐渐走进人们的视野。人们在饱览气势恢宏的哈尼梯田景观时，也在好奇，是什么样的精神力量支撑着哈尼族建造如此大气磅礴的物质家园？

哈尼梯田是哈尼人世代辛勤劳作的结品，是他们奉献给哀牢山的大地艺术品。晨夕变换，四季彩衣，妖娆地展示着大地的风采，也展示了哈尼族的坚毅和执着，以及他们对美好生活的向往。

哈尼梯田，气象万千的胜景

· 多依树水墨梯田

元阳的哈尼梯田，以气势磅礴、千姿百态著称。

这些梯田，深处哀牢山腹地，多依山势开垦，大者数亩地，小的如簸箕，连绵数十里，规模宏大、场面壮观，甚至揽括了整个红河南岸的红河、元阳、绿春、金平等县。元阳是红河哈尼梯田的核心，仅元阳境内的梯田面积就达19万亩之多，是世界上最大的梯田。这些梯田是哈尼族世代劳作于哀牢山的大地艺术品，谱写着天人合一的生活乐章！

在元阳，我们目之所及皆是气势磅礴的梯田景观。不管在大山上还是沟坳里，垒起的梯田层层叠叠、密密麻麻，优美的线条蜿蜒曲折，沿着山势此起彼伏，望不到尽头。哈尼族祖祖辈辈在这片土地上辛勤耕作，开垦荒山，引水灌溉，成就了今天的梯田奇观，也使他们世代生活无忧、安居乐业。

元阳梯田的精华部分集中在三大景区：坝达景区包括箐口、全福庄、麻栗寨等1.4万余亩梯田；老虎嘴景区有勐品、硐浦、阿勐控、保山寨等6000多亩梯田；多依树则含多依树、爱春、大瓦遮等连片上万亩梯田。这些规模恢宏、数量巨大的梯田，非一两日能游览完毕，加上每一片梯田因地势、光线、气候、四时不同，所展示的景观效果也是千姿百态、变幻莫测，如水墨梯田、蓝梯田、彩色梯田、云雾梯田等，令人赞叹。

元阳的水墨梯田一般形成于天未破晓时分，山坳里的梯田已经"苏醒"了，水光映衬着暮色，呈水墨色泽，如梦如幻。清晨八九点钟，如果气候干爽宜人，天空清澈湛蓝，空气特别清新，那么蓝梯田就有可能出现。梯田辉映着蓝天，如水洗般洁净，蓝得光鲜、纯粹，不可思议。

日出时的多依树梯田气态万千，从高处俯瞰，一道道田垄如一条条细细的黑丝线，将梯田编织成各种网状。澄亮的水面像一块绚丽的调色板，在光线的调和下，忽明忽暗，暧昧迷离，或水墨淡雅，或耀眼艳丽，瞬间变化万千。恍惚间，雾气不知什么时候从谷底升起，云雾缭绕的梯田缥缈朦胧，充满诗情画意。老虎嘴和坝达梯田则以大气壮观著称，梯田连绵几座山头，一眼望不到尽头，场面恢宏，气势磅礴。夕阳西下的龙树坝梯田别有一番风情，这个梯田小巧精致，融合了村庄、池塘、树木、农田、彩色梯田等多种元素，画面静谧迷人，却又拥有绚丽多姿的色彩，世外桃源般美好。

新街镇，最美的梯田在这里

· 爱春梯田

　　寻找哈尼梯田，一路长途跋涉来到元阳，不要以为到了县城南沙镇便想松懈歇脚，错了！这里只是一个中转站，不是最终目的地。

　　哈尼梯田分布在元阳老县城新街镇周边，须再翻山越岭走上1小时车程。还好，从南沙镇到新街镇交通便利，车次很多，道路也已铺上了柏油，路况尚可，虽盘山蜿蜒，但已无颠簸之感。为了能更好地贴近景点，不错过欣赏梯田的最佳时段，我们一鼓作气直奔新街镇。

　　新街镇海拔约1800米，占据着一座山头，房子大多临坡而建，可俯瞰周边梯田，空气清新，风景秀丽。由于

1992年出现大面积的滑坡，元阳县政府将县城搬到了南沙重建，但作为旅游重镇，这里依然繁荣热闹。

到达新街镇时已是晚上7点多了，小镇灯火辉煌，街道两旁商铺林立，车水马龙，竟然有些拥堵。旅游业对新街镇的影响举足轻重，从随处可见的家庭旅馆、喧闹的餐饮店可见一斑。大路的尽头是一个偌大的广场，架起硕大的电子屏幕，放着高分贝喇叭，男女老少聚在一起跳广场舞——除了爱运动的本地人，连背着行囊的游客也加入了队列。人们伴着节奏，迈着整齐的步伐，时而围成圆圈，时而形成长龙，不断地变换着队形，场面颇为壮观，气氛活泼热烈。这样自娱自乐、自发形成的广场舞天天都在新街镇上演。

第二天，恰巧是新街镇的街子日（集市日），商业街比往常热闹。原本就不太宽敞的街道上早早便见缝插针地摆满了各种摊位：有的卖熟食小吃，如玉米棒、水煮花生、炸糯米条、煎桂花饼等；有的卖自家耕作的农作物，

· 现炸糯米条

· 赶集的当地妇女

· 街头小摊

还能看到许许多多叫不上名的中草药……摊位最多的要数服装和饰品了，光顾的人多，摆摊的时间也长。这样的赶集一般也就一个上午的光景，一到中午，摊位陆续撤走，人流也逐渐散去。

新街镇赶集的大多是哈尼族和彝族，他们穿着特色的民族服饰，在人群中非常抢眼，是集市上最亮丽的一道风景线。

包车司机小黄告诉我们，新街镇的集市规模较小，已经慢慢被城镇化，如果感兴趣，周日不妨去老勐赶集，那里的集市较大，较有乡土气息，参与的民族也多，服装绚丽多姿，很有民族风情。当下，我们决定到老勐赶集，赴一场缤纷的民族服装盛会！

TIPS：

　　元阳有新县城南沙镇和老县城新街镇，如果要就近参观梯田，一般选择新街镇。新街镇以旅游业为主，生活极为便利，基础设施配套，旅馆、餐馆、商店颇多，周边便有梯田景观，到坝达、多依树等景区较近，交通方便，是游客理想的投宿、中转之地。

　　逢猴日是新街镇的集市日，附近的村寨都会到镇上赶集，以哈尼族和彝族为主。

云南小旅行

龙树坝梯田，小巧得刚好装入镜头

· 龙树坝梯田

我们选择在 4 月欣赏哈尼梯田，是个尴尬的季节。

这个季节不如 1 月、2 月，梯田刚刚注上了水，水面丰满澄澈；气候干爽少雾，画面清新干净。这时的梯田已经开始插秧，插了秧的梯田抽着绿丝，与普通农田无异，少了些变幻和震撼，拍摄效果自然逊色了许多。唯一可喜的是，新街镇步入旅游淡季，游客锐减，住宿和交通没那么紧张，价格也便宜了不少。当然，4 月一过，所有的梯田都会插秧，看到的将会是哈尼族人勤劳的身影以及对丰收的展望。所以，我们充其量只是抓住了旅游季的尾巴，欣赏梯田最后的妖娆。

在参观完多依树、坝达等大梯田后，司机小黄向我们推荐了龙树坝梯田，这是一个小梯田，但另有一番意境。

前往龙树坝的路况实在不敢恭维，先是经过小村庄，接着是一段土路，再过去正在修路。整条公路窄小，路面坎坷不平，尘土满天飞扬。距离县城仅有5公里的路程，车子颠簸地走了整整半个小时，最后不得不弃车徒步。一路下来，每个人都灰头土脸，一身狼狈相。

龙树坝从路边眺望便清晰可见。这真是一块小巧雅致的梯田：有的梯田已经插秧了，绿油油的；有的养上水藻，泛着褐红的光泽；有的梯田还蓄满水，荡漾着波光；红的、绿的、澄亮的色彩交错，缤纷亮丽，这是元阳为数不多的天然彩色梯田。梯田里坐落着一个小小村庄，大约十几户人家，质朴的民居静谧迷人；田垄上点缀着一些树木，高低错落，丰富了画面的层次；村落边上有一块小小的池塘，倒映着树影婆娑，一阵风起，枝条微颤，水起涟漪，场面如梦如幻，令人如痴如醉！

与晨曦中多依树的梦幻迷离、水墨风情相比，龙树坝更淡定真实——真实的村庄和意境，如邻家别院、窗外水田，清新自然、返璞归真。相较于坝达和老虎嘴梯田的大气磅礴、巍峨壮观，龙树坝显得小巧玲珑，一个池塘、几垄梯田、几户人家融合成一幅恬静的画面，小巧得刚好装入镜头，多一分嫌杂乱，少一点就不丰富了。而色调呢，龙树坝的色调是丰富多姿、缤纷亮丽。如果说晨曦中多依树的水墨淡雅略少了色彩，插了秧的老虎嘴生机盎然独缺变幻，午时的坝达如美人迟暮风韵不再，那么此时夕阳中的龙树坝，则蒙上了圣洁的光辉，伴随着太阳余晖不断变幻着色泽，时而如火焰般跃动，时而闪烁着金色的波光。当太阳即将落幕时，整个画面静谧下来，水面呈透亮的浅绛色，绿的、红的梯田浮现于画面，逐渐分明，然后，融入淡淡的暮色中……

TIPS:

龙树坝是元阳梯田中的另类，小巧婉约，融合了村庄、池塘、树木、农田、彩色梯田等多种元素，拍摄效果极好，目前还不太为人所知，无须门票，建议请当地向导带路。

哈尼村，『蘑菇房』里的质朴人生

· 哈尼族老人挑选豆角

　　"蘑菇房"是哈尼村寨的象征。这种蘑菇房的屋顶为茅草棚，土黄色的墙体房屋大多三层结构，一层为马牛圈或堆放农具，二层是正房，人们居住的地方，楼顶则用于贮藏粮食。最特别的是房屋的正中央有个长年烟火不灭的火塘，起到照明、取暖、炊煮和团聚多种功能。我曾在旅游杂志和电视旅游栏目中看到对这种房子的介绍，印象十分深刻。所以一到元阳，便迫不及待地想拜访哈尼族的村寨，一睹这种"蘑菇房"的风采。

　　在元阳，我有幸参观了大鱼塘寨和箐口寨。这两个村寨都是哈尼民族自然村，建筑风格相同，都是典型的

"蘑菇房"，唯一不同的是箐口寨已被列为景区，村寨建设得比较规整和完善，有介绍哈尼族风土人情的陈列馆，还原了哈尼族人生产劳动的原景，如水碾、水碓、水磨和磨秋场等。当然，最赏心悦目的当数箐口彩色梯田，在红绿相间的梯田里，有村民忙碌地犁作和插秧，这便是哈尼风情的田园牧歌。大鱼塘寨虽也已整修一番，但古朴随意，比较原生态，更加原汁原味地呈现出哈尼族的幸福家园和他们现在的生活状态。

　　这个季节的游客不多，对于我们这些"不速之客"，村民早已见怪不怪，坦然处之。寨子里见到最多的是老人、妇女和儿童，如同国内的许多农村一样，年轻人都到城里或更远的地方闯荡打拼，老人和孩子们留守家园，也留守住哈尼族的根文化和对未来的希望。虽然在外闯荡和市场经济的洗礼早已使年轻人的思想观念发生很大变化，但传统文化与生俱来，依然根深蒂固于他们的血脉之中，左右着他们的行为。每逢哈尼的"十月年"，是村寨最隆重的节庆，外出的年轻人大多回来团圆过"年首扎勒特"，祭拜神灵、祖先，大摆长街宴迎接哈尼的新年。每逢稻谷的丰收季，他们也会不辞劳苦地来回奔波，为了丰收的期盼和对千年梯田的执着。如今，哈尼人的婚俗依然严奉"同姓不开亲"，结婚生育也依然按照传统的习俗进行，大多数女子结婚后便在家里生儿育女、侍奉老人。

· 大鱼塘村寨的"蘑菇房"

· 健壮的哈尼妇女

云南小旅行

因为勤劳和坚忍，哈尼人基本衣食无忧，村寨也建设得比较好。村道铺上了干净平坦的青石路，两旁的房子是清一色的黄墙、敞亮的玻璃窗户和屋顶上的显著标志茅草顶。司机兼向导小黄告诉我们，哈尼人现在的居住条件明显改善，以前的一层牛马圈现在已很少见了，房屋通水通电通风，布置也很现代化，强调舒适亮堂；至于茅草屋棚和房屋色调，是专门保存下来的，突出哈尼族的特色，当然"蘑菇房"本身具有的隔热、冬暖夏凉的特点也继续发挥效用。

在村寨信步游走，村寨始终安静如许，除了几个孩童在街头嬉闹，一两个老人在屋前晒太阳，再就是几个忙碌的身影。我们也许已无法想象哈尼人如何开山辟地、挖渠引水打造万亩梯田的神话，也无法见识哈尼人大场面劳作和丰收的盛况，但勤劳是一种习惯，这是这个民族最令人景仰和称赞的品质。透过半掩的木门，只见一位勤劳的老妇在织布，老式的木质织布机"嘎嘎"作响，动作熟练到位，显示出与其年龄不符的轻盈；一名妇女抱着柴火与我们擦身而过，身材健壮，脚步矫健，尽显劳动人民的本色；屋前有一位老人正蹲着在细心挑选豆角，面对我们的询问，笑盈盈的脸上饱经风霜的皱纹如灿烂菊花。劳动使人年轻而美丽，这是我在哈尼村寨看到的一个最好阐释。

TIPS：

菁口寨已建设成哈尼族民俗文化生态旅游村，为哈尼梯田风景区的重要组成部分，凭门票进入。位于元阳县新街镇到绿春镇的公路边，从新街镇到菁口寨车程约半个小时。

大渔塘寨位于新街镇前往坝达梯田的途中，寨内有农家乐，无须门票。

在元阳一般都包车参观梯田，讲价时可将这两个村寨的参观含进去，因为顺路，无须多支付交通费。

小城饭店，特色美味平民价

• 新街镇处处可见这样的街边小摊

　　一碗粉紫的羹汤置于桌中，招摇地使一桌菜肴黯然失色，那抢眼的色泽较之于紫罗兰还淡雅，透着粉嫩，汤汁浓稠，有一种说不出的愉悦感觉。透过玻璃橱窗，我一眼便瞅见了这道羹汤，十分好奇，强烈的饥饿感频频地向大脑发出信号，脚步已然不想挪动了。

　　这是我们到达新街镇的第一天，暮色已降临，华灯初上，简单安顿下来，便迫不及待寻找吃的。作为旅游重镇，新街镇的大街小巷遍布餐饮，但是要寻得一家合适的还得费些周折。

　　从商业街辗转到广场，我们发现，此地饮食口味较重，酸辣居多。路边的小吃店以面食为主，人多嘈杂。餐馆，有的招牌甚至直接打上"麻辣"二字以吸引顾客。对于习惯饮食清淡的我们，始终没法将就。

直到发现这家小餐馆，被这道佳肴吸引，便再也没能挪开脚步。

委实没想到，在新街镇的两天，每到饭点便情不自禁地奔向这家餐馆，点遍了这里每一道我们感兴趣的菜肴，即便是重复的菜色也心甘情愿。这是怎么啦？当现实与"走天下，尝美食"理想相冲突时，终究发现，只有适合自己的才是最好的。简单的菜肴却紧紧地抓住了我们的胃口，使我们百吃不厌、用情至专，也足以显现店家之功力。

原来这道惊艳的羹汤叫紫山药汤，简单的食材和手法，将紫山药置于高汤炖煮，无须任何作料，酥烂即可。上桌的紫山药基本融入汤中，找不出完整的方块，却使汤汁浓稠滑润、色彩娇嫩，烟缕中飘荡着淡淡的芋香，舀一勺品尝，入口即化，清香软绵。当我们第二次再点这道菜时，善于经营的老板亲自下厨，将高汤换成鸡汤，一样的食材，口感却又不同了，更加鲜美醇香，令人欲罢不能。

· 爆炒螺片

　　这家小店就叫小城饭店，位于新街镇大广场边，黄墙灰瓦，造型古朴简约，小店有两层楼，三个门面，在广场上很是显眼。餐馆内摆放着小木板，装修简单舒服，干净清爽，老板是个"80后"年轻人，戴着宽边眼镜，梳着流行的鸡冠头，时尚中透着精明。他告诉我们，两年前才从朋友那里接手这个饭店，只想尝试，不料生意做得风生水起，已是这里数一数二的餐馆了。小店定位小资，口味清淡，选择大众化，适合南来北往的旅人，吃的都是回头客，一到餐点，食堂满座，翻桌率很高。小店有自己的招牌菜，比如这道紫山药汤，原料早在半年前当季时便花重金大批量采购贮备。在新街镇，这个季节可是吃不到紫山药的。

　　小店的招牌菜还有炸竹虫、炒田螺、红烧河鱼等，但我更喜的却是其他特色菜肴，如野菜花生汤：将野生甜菜与花生浓汤熬煮，既有青菜的清新，又有花生汤的浓香，别有一番味道；素炒土豆泥是将土豆蒸好捣烂爆炒，再加点葱末和干辣椒，香气扑鼻，回味无穷；就连普通的油炸排骨也做得与众不同，选取上好的猪中排腌制入味，油炸至酥，最后在上面撒上一层炸过的薄荷叶，赭绿相间，色彩分明，两股浓香交错，千回百转，令人拍案叫绝。

　　小小的菜品做出了大特色，卖的却是平民价格，这样的小店怎能不宾客盈门啊！

TIPS：

　　小城饭店位于新街镇大广场边上，紧靠商业街，大众口味，厨艺精湛，人均消费30~40元。除了文中推荐的菜品，建议品尝梯田红米，呈淡红紫，松软、粗糙、有营养；炸竹虫，取自当地的长竹虫，油炸，清香脆口，是本地一道名菜，但许多人会在吃与不吃中纠结。

· 彝族妇女

老勐赶集，赴一场缤纷的服装盛会

早就听说云南少数民族的集市热闹非凡，异彩纷呈。在那里，能见识到各种各样的特产、品尝地方特色美食，更重要的是，可以欣赏到许多民族的精美服饰，一次领略丰富的民族文化盛宴！

云南的集市日是有讲究的。大多以十二属相定日子，相邻村寨间的集市日避免重复，如元阳县胜村逢兔、羊和猪日赶集，嘎娘则逢龙、狗日集市，只有金平县老勐乡固定周日。集市日对当地人而言像一个小小的节庆，集市就是一个聚会交流的平台。

云南的集市日最热闹的是上午，一过中午就陆续收摊，人流也基本散去。周边村寨的村民一般都起早赶集，到集市卖点自家生产的农产品和手工活，或添置些日常用品。一些精明的当家人常常借此了解市场行情，年轻人更多的是凑热闹。集市满足了各种层次的不同需求，显得隆重而有意义。所以，这样的场合得到了当地人重视，人们的衣着打扮相对光鲜隆重，集市更多的时候就像一个小舞台、一个万花筒和一场服装秀。

我们决定挑个周日赴老勐赶集。

老勐在红河州金平县的西北部，处元阳、绿春、金平"三县八乡"接合部和交通要道上，是个重要的商品集散地。这里居住着苗族、瑶族、傣族、哈尼族和彝族等少数民族，集市规模虽不大，却最具地域特色和民族风情。

或许是因为集市日，原本就不宽敞的老勐街已经里三层、外三层地堵满了车子，人们不约而同地聚拢而来，还未到集市就已经明显感受到喧嚣、燥热的气氛。老勐的集市其实也就两三条街的光景，街道两侧摆满摊位、四周人头攒动，拥挤不堪。嘈杂之间显见一些功能上的区分，诸如小吃餐饮、服装饰品、日常用品、饼干糕点、农副产品、中草药、农用品等商品五花八门、

· 彝族妇女

· 瑶族妇女

云南小旅行

琳琅满目，适当地分类集中，方便人们货比三家，对比购买。

小吃餐饮是这里的主角，整整占据了一条街，布置得也最规整，周到地架起遮阳棚，像样地摆上桌椅，经营最多的是当地有名的锅仔米线和烤豆腐，还有烧烤串，生意红火得不得了，因为村民不管是来采买的或者来售卖的，最后都要美美地吃上一餐才会离去，所以摊位上的食客总是济济满堂，走了一拨又一拨。理发的小摊位是手艺活，孤零零地混在其他小摊位里，仅靠一把简陋的凳子，一条围巾，生意便做得风生水起。最悠闲惬意的当数卖土烟的，夹杂在农产品摊位中，金黄色的烟叶切得如发丝般精细，摆上几个土烟筒，早已有烟民在吞云吐雾了。最缤纷亮丽的是卖服饰的摊子，各种款式、各种颜色的民族服装、精美的饰品一字排开，绚丽多姿，令人眼花缭乱……

我的注意力显然不在于集市里卖些什么、有什么稀奇古怪的东西，我感兴趣的是来赶集的人们和他们色彩斑斓的精美服饰。这里大多数男人和年轻人的服饰基本汉化，和我们的着装没什么区别，但妇女依然保留着穿着民族服装的传统，她们的出现是这个集市最亮丽的一道风景，缤纷了我们的视线，使我们着实感受了一场具有民族风情的服装盛会。

迎面走来的是一袭黑服的瑶族妇女，身穿剪裁合体的黑衣黑裤，半截挽起的黑襟，头戴黑色高缩帽，唯一的装饰是佩戴于胸前和腰间那桃红色的流苏，这样的点缀顿时使沉闷、呆板的颜色活泼明快起来，显得简单时尚，与众不同，在色彩斑斓的人潮中独树一帜；苗族妇女的服装以色彩明快艳丽、装饰秀美繁复见长，她们穿起漂亮的百褶裙，搭上绣工精细的花胸兜，束着花腰带，走到哪里都耀眼夺目；衣着朴素，以蓝、黑为基调，银币做纽扣，喜欢在托肩、大襟、袖口及裤脚镶几道彩色花边的，则是哈尼族了，这个民族勤劳、低调、坚忍，服饰是他们最好的形象代言；彝族妇女的服装也很好辨认，她们的臀部上方挂有两大块菱形刺绣帘子，做工精致、图案秀美，上身大多着水红、明黄、湖蓝衣裳，缀有绣花披肩……在这里赶集的村民着装虽然很生活化，不如节庆穿正装时的隆重和繁复多样，大多以舒适为主，有的装饰简化了，有的干脆现代服装和民族服饰混搭，但依然鲜明地保留着本民族的元素，彰显着民族个性，也足以让老勐集市大放异彩，洋溢着独特的魅力。

· 全福庄梯田

元阳这样玩！

在元阳极目所至皆是梯田，一是看不完，二是看久了也会产生视觉疲劳，所以要分时段选择一些有特色的梯田进行参观游览，同时进入当地的村寨和集市，感受一下他们的市井文化和民族风情。

紧凑的行程安排一般三天：

DAY 1　　辗转至元阳新街镇，周边游览，晚上参加新街镇广场舞。

DAY 2　　凌晨6点多到多依树梯田观看日出，再参观周边爱春、大瓦遮、黄草岭等梯田，沿路返回参观倮马点、坝达、麻栗寨茶厂、全福庄等梯田，顺路参观大鱼塘哈尼民族村。下午参观箐口民俗村，最后等候老虎嘴梯田的日落。

DAY 3　　如果时间刚好，周日可到老勐赶集，猴日在新街镇赶集。下午观看龙树坝落日。

云南小旅行

如果以拍摄为主，要挑选最佳时季，需多待几天，购买多天游览套票，等候抓拍梯田的绝妙美景，可根据需要重点关注以下路段：

1. 箐口—坝达方向：此路段途经大鱼塘民俗村、全福庄观景台、麻栗寨茶厂观景台，坝达景区是主要游览点，有 1.4 万亩梯田，是展现哈尼梯田森林、村寨、梯田、水系要素同构的区域；是拍摄梯田、云海、蘑菇房、人文风俗等最为理想的路段。

2. 坝达—多依树方向：此路段途经倮马点观景台、胜村、黄草岭观景台，为近距离拍摄梯田区域。多依树为主要景点，有独特的观景台，是拍日出、云海、梯田村寨最为理想区域。

3. 箐口—老虎嘴方向：为直达路段，风景优美。老虎嘴以拍日落著称，有上下观景台，是整个区域最为险峻的景点。

4. 多依树—老虎嘴方向：是景区弯道最多路段，有 15 公里，拥有 122 弯道，途中可拍摄硐浦村寨、一碗水村寨、螺丝田等景观。

· 老虎嘴梯田

Plus

基础信息

交通·

如何达到元阳客运站?

1. 昆明南部客运站有客车直达元阳新街镇，时间分别为 10:20、19:30、20:00，票价约 140 元，车程需 5~6 小时。
2. 从昆明东部客运站，搭乘昆明至个旧高快客车（班次较多，车程需 4 小时），再转车至元阳南沙（车程 1 小时），再转车至新街镇（车程 1 小时）。
3. 建水、个旧、蒙自、河口、绿春有多个班次至元阳客运站（南沙镇），再从南沙转至新街镇。

如何到达元阳各大景区?

元阳各景点间有一定距离，虽有开通公交车，但游览起来不方便，建议包小面包车游览，价格约 300 元 / 日，可以参观门票中的多依树、坝达、老虎嘴和箐口寨四个景点。新街镇到处都有小面包车出租。

龙树坝梯田在新街镇车站边，沿小路进去，先经过一个小村庄，再走土路，离县城约 5 公里，梯田在公路边可见。村庄小路狭小，土路正在建设，路况不好，可徒步，或包车前往。

如何到达老勐?

从新街镇搭面的（或随手招）至老勐，约 2.5 小时车程，单趟 25 元 / 人，包车 200 元。

门票·

元阳景区门票 100 元，含多依树、坝达、老虎嘴三处梯田及箐口寨。

云南小旅行

Plus

基础信息

开放时间·

6:00~20:00

住宿·

云梯大酒店（目前最好的酒店）

地址：新街镇大广场下方 200 米处
价格：280 元以上 / 间
电话：0873-5623705，5624858

云梯快捷酒店

地址：新街镇大广场边上
价格：180 元 / 间
电话：0873-5621588
如果想方便地拍摄多依树周边景点，可投宿胜村，也有一些家庭旅馆，价格比新街镇略低。

观田大酒店

电话：0873-5620199，13987361778

雅悦山庄

电话：0873-5620035，13987366987

梯田旅馆（老虎嘴附近）

电话：13769386653

Plus

基础信息

最佳时节·

元阳梯田最佳拍摄时间在每年 11 月～次年 4 月，其中以 1 月、2 月最好。最好拍摄时段为早上 6:00～9:00，傍晚 16:30～19:00。

美食·

新街镇餐饮业比较发达，各种小吃店、面馆、小炒店应有尽有。当地人口味较重，喜食酸辣。推荐砂锅粉条、牛肉粉条、烤豆腐、年干巴。若逢节庆，不妨品尝当地的长桌宴。

特产·

水烟筒是这里的特产。云南十八怪之一"竹筒当烟袋"，老勐是"破竹水烟筒之乡"，其制作工艺是先用刀把竹筒破成细竹条，然后再将竹条严丝合缝地箍成烟筒，可有效抵御热胀冷缩，延长使用寿命。

民俗·

哈尼族的传统节日有"年首扎勒特""苦扎扎""开秧门"和"尝新节"（新米节）等。

"年首扎勒特"又称"十月年"，以农历十月为岁首，是一年中最隆重的节日，一般以农历十月的第一个辰龙日开始到申猴日结束，为期五六天，主要祭祀天神和祖先，节日期间寨子会举行盛大的"长街宴"。"苦扎扎"也称"六月年"。哈尼人传统历法一年分为冷季、暖季和雨季三个季节，"苦扎扎"一般为雨季，雨水多，气候潮湿，青黄不接，日子艰辛，其一般从农历五月的第一个申猴日开始，节期 3～6 天，期间开展各种社交娱乐活动，荡秋千。

Plus

再逛逛

建水·

建水有云南"粮蔗之乡"之称,历史悠久,自元代以来就是滇南政治、军事、经济和文化中心。建水保留着较多的文物古迹,有寺庙百余座、石桥50余座。比较出名的有始建于元朝的指林寺、宏大的建水文庙、壮观的朝阳楼,独特的文笔塔和双龙桥。古民迹也是一大特色,有哈尼族的蘑菇房、彝族傣族的土掌房和汉族的瓦房,其中以朱家花园和张家花园为典型代表。建水燕子洞是亚洲最壮观、最大的溶洞群,每年8月8日是燕窝节,会有惊险的采燕窝表演。

交通:昆明、古屏、元阳、蒙自、个旧、红河均有多个班次的客车至建水;城内交通便利,有公交车、出租车和三轮摩托车;许多景点都在城区内,步行就可到达。

泸西·

泸西有两大著名景点,永宁乡的城子古村和阿庐古洞。城子古村堪称彝汉建筑风格的完善结合,云南民居建筑的活化石。村内有1000多栋建于300年前的古民居土掌房,依山而居,左右毗邻,层叠相连,蔚为壮观,特别是玉米收获的季节,色彩艳丽,非常好看。阿庐古洞为云南第一洞,洞内自然奇观——古洞佛光、阿庐云海、地河幻景、天造神物,堪为世界溶洞之林四大奇葩。泸西花海,各种各样的花每年从农历二月起便相继开放,一直要到五、六月份才落潮。

交通:1.昆明东部客运站坐车至泸西县,全程163公里,车程2.5~3小时,票价42元。2.个旧、蒙自、河口、建水、开远、陆良、丘北、曲靖、师宗、文山、砚山均有班次到达泸西。3.泸西至城子古村的交通:在泸西客运站搭车至永宁,再从永宁租大三轮摩托车去城子古村;或直接在泸西包面包车去城子古村。4.泸西至阿庐古洞的交通:在泸西县城打车,5~8元可至阿庐古洞。

· 红土地大观

东川红土地位于云南乌蒙山区，距离昆明250公里，在海拔1800～2600米的平缓丘陵地带，具体范围在昆明市以北偏东方向，东川区新田乡以花沟村为中心，方圆几十公里的地方。

这里集中着云南红土高原最典型、最具特色的红土地。

红土地最适合摄影的季节是4月、5月和9月～11月，其中以5月、9月、11月最好。

CHAPTER
4

缤纷油画

·

东川

是谁不小心打翻了调色板，把东川的土地涂抹
得如此鲜红热烈？

是谁辛勤劳作，每天隆重地编织大地的彩衣？

如果不是亲临东川，你永远都无法想象，土地
的色彩可以如此热烈和张扬！

因为土地贫瘠，更因为对土地的热爱，东川人
偶作天成编织着这片斑斓的世界，他们收获了
丰收的果实，也收获了缤纷的四季！

东川红土地，上帝打翻了的调色板

· 多依树

　　云南有两幅山水画卷，一幅是元阳的梯田水墨画，另一幅就是东川红土地的彩色油画。

　　如果说元阳的梯田水墨画婉约隽永、如梦如幻，那么，东川的红土地则热情澎湃，摄人心魄。褐红、鲜红、明黄、枯黄、深绿、浅绿、粉白等色彩如此张扬地碰撞，又如此自然地拼接，多么不可思议！这样鲜明地用色，即便是高明的画家都望尘莫及，何况是大手笔地涂抹在东川的土地上，那不是上帝不小心打翻了的调色板，又会是什么？

　　实际上，真正在这块土地上挥洒丹青的大地艺术家是东川的普通农民。他们因为对土地的执着和热爱，祖祖辈辈年复一年、日复一日坚守着这块贫瘠低产的土地，辛勤耕耘、默默劳作。红土地需要休养，他们就部分歇耕、部分栽种，于是，红色永远是这片土地的主色调；一年只能耕作三季，他们就马铃薯、油菜花、小麦、荞麦按时令更替播种耕作，这些不同时节的农作物饱含东川人对丰收的期盼，也缤纷了东川的四季。

因此，东川红土地是看不够的，每次来总有不同景象，总有意外惊喜。1月、2月，小麦长势正旺，红绿交错述说亘古不变的永恒，这是大自然主打的色调，放在哪里都赏心悦目；4月、5月，土地翻新待种，大片大片裸露出来，色彩鲜红得耀眼，鲜红得令人血脉贲张；夏季，马铃薯花开了，小麦成熟了，粉的、红的、黄的装点得大地缤纷亮丽；9月则是油菜花的主场，白色的油菜花开得漫山遍野，招蜂引蝶，将东川粉饰得清新脱俗，与众不同；待到11月份，这是东川最丰腴妖娆的时节，油菜花、马铃薯、荞麦陆续收割了，冬小麦抽着绿丝，树叶发黄了，草枯了，红土地也次第翻新，各种丰富的色彩同时编织着斑斓的美梦，并一起在这一季做最后的绽放，此时的东川像披上华丽的彩装，美得无与伦比。

我们的东川之行遭遇了恶劣的天气，时而豪雨，时而大雾，时而阴霾，阴晴不定的天气使我们对阳光的期盼变得十分强烈。东川如血的、七彩的、锦绣的、斑斓的土地，如果没有光线的配合，都将黯然失色。

· 锦绣图

在客栈被雨困了大半天之后，终于等来了天晴，尽管阳光吝啬得只给了我们一个小时的灿烂，但已经够了，我们已见识到最美的东川，领略了红土地的神韵，心满意足。

当我们第二次眺望红土地大观时，阳光如期倾洒在大地上，彩色的大地仿佛涂抹了一层光泽，瞬间亮彩起来。阳光于大地的恩赐不仅仅是光合作用，促进万物生长，此时的阳光更像是一名魔术师，挥动着魔术棒驱散阴霾、美化大地、渲染画面。

这块红土地大观也称"多依树"，在花沟村附近，规模恢宏，连绵好几个山头，形成波澜壮阔气势。此时色彩斑斓，红、褐、绿、浅绿、黄、白等颜色，像一块被打翻了的调色板，东一块西一块地涂抹，不成规则，随意散漫，仿佛神来之作，渲染得整个画面缤纷亮丽、荡气回肠。这就是让无数摄影发烧友为之狂热的红土地！

当地人告诉我们，这个季节是油菜花季，色彩比较清新柔和，绿色块是荞麦，褐红色的是马铃薯或闲置的地块，白色和粉绿的全是油菜花，待到农作物收割了，又是另一番景象。

趁着阳光的余晖，我们马不停蹄地奔波在东川各大景点。庆幸，在欣赏红土地大观和锦绣园这两处东川最气派的红土地时，得到了太阳的垂怜，让我们见识了阳光的魅力；七彩坡、乐谱凹、螺丝湾、瓦房梁子虽是雨中观景，却风采犹存，别有韵味。一天之中体验着不同的天气变化，感受着红土地不同的神韵和变化，令人意犹未尽。

相较于红土地大观，锦绣园的地势更磅礴，远处群山连绵，云雾缥缈，再加上变幻莫测的光线，将红土地衬托得巍峨壮观，如锦绣大地，绚丽多姿。七彩沟原以色彩缤纷而著称，此时还不当季，绿油油的，却显示出雨后的清新娇嫩。乐谱凹小巧玲珑，有一块呈螺旋状的小梯田显眼独特，别致有趣。螺丝湾雾气氤氲，山峦、大地、村庄隐现在烟雨中，宛若仙境……

TIPS：
欣赏景观时，请爱惜当地人的劳动成果，切勿为了拍照而践踏农作物。

云南小旅行

落霞沟，无意跌落凡间的美景

· 落霞沟

　　一块被浓雾包裹的谷地，土地鲜红如血，平缓的坡地垒起层层梯田，有的蓄着水，有的插着秧，有的秧苗已抽着绿丝，有的赤裸着，这种并非刻意的耕作却勾勒出土地的纹理，凹凸有致，再点缀着绿树簇拥着的小村庄，整个画面色彩饱满，层次丰富，特别是那如血的色泽，令人震撼，过目不忘。

　　这是落霞沟的美景，我入宿花沟客栈时第一眼便看到这个"巨幅彩照"，整个人都惊呆了，这种惊世骇俗的景致仿佛只应天上有，却无意跌落到凡间，跌落到了落霞沟。

　　至今都非常后悔，刚到花沟时我们没有趁着太阳的余晖直赴落霞沟观赏，或许能捕捉住一些清晰的画面。机会是稍纵即逝的，错过了也就回不来了。

当我们因为下雨被困于客栈之时，这种悔意更加明显。望着外面下不停的豪雨，我们失望到了极点，无法想象这样的鬼天气能有放晴的时候，至少在这一天里我是看不到任何的迹象。奇迹总是这样出其不意地出现，但机会不是留给落霞沟，而是给了红土地大观和锦绣园。我想，或许这是老天给我们再来东川的理由，凭着这一张彩照，就够了！

按照计划，我们要在傍晚时分坐看落霞沟的日落。当我们如约而至时，雨却还在下着。

从观景平台眺望，一块平地显现于沟壑中，四周高山环抱，云浪翻滚，此时的落霞沟虽然有如蒙上一层薄纱，但依然清晰可见。已全然没有照片中的血色夺目，如今披上的是绿装，但青翠的装点依然掩盖不了其血色本质，沟沟坎坎之中红土地的纹理可见，只是略显柔和。一样的景色，换了"衣裳"，整个气质全变了。正当我努力回忆照片中的景象时，谷中的雾气腾起，一会儿光景，整个沟谷又是白茫茫一片，什么也看不见，仿佛从未曾真实存在一般。

我叹息了一下，也许这就是东川红土地留给我的最后眷恋，让我有一个重新拜访的理由，不为别的，就为了落霞沟血色的土地。

TIPS：

　　落霞沟一年四季皆有不同景象，每天的气候亦变幻莫测，如果想全天候地观赏到最佳景致，建议入宿落霞沟附近的客栈。落霞沟最佳的观赏季节为11月，最佳拍摄时段为 16:00~18:00，日落时分。

老龙树，见证一次次天长地久

· 卓然挺拔的老龙树

如果没有当地人的指引，我从没想到，这棵平凡的树木就是花沟赫赫有名的千年老龙树。每次从花沟进出，远远就瞧见这棵挺拔的大树，它比东川绚丽的土地平常多了，以致我路过时对它熟视无睹。

这棵千年老龙树还是有点传奇色彩的，它虽然只是一棵平常的沙松树，但是周边方圆几里之内还真没有一棵树木长得比它挺拔粗壮。这里除了大片大片的红土地，还有灌木丛，或者长不成气候的小松树，矮矮的、一丛丛，都不如老龙树来得鹤立鸡群，枝繁叶茂。这棵老龙树据说有千年树龄了，它的神奇之处在于曾经枯死过，却又起死回生，再吐新芽，并茁壮成长，显示出超凡的生命力。如今老龙树已然成为当地的象征，护佑着一方平安；更成了景区的一景，续写着美丽传说。

当地人告诉我们，老龙树不仅是守护神，还是祈福树。当地有个风俗，不管是汉族人还是少数民族，新人结婚时都要在亲朋好友的陪同下到老龙树下祈福，让老龙树见证他们的结合，祝福他们的婚姻，人们认为，只有经过老龙树见证的婚姻才会幸福长久。

怀着对这棵神奇树木的景仰，我们走近老龙树。这棵大树生长在坡顶，有着"一览众山小"的霸气，视野开阔，唯其傲立；枝干粗壮，枝叶茂盛，神奇般地长得像一把擎天大伞，威武雄壮。树干已经用铁栏杆围起保护，枝叶上挂着许多红色布条，那是人们祈福的心愿。不知是有意为之，或者本为天然，老龙树周边百米之内没有任何的植物，全是裸露的红土，把老龙树衬托得更加高大、神圣和孤独。

此时有两对新人前来祈福，一位新娘穿着红色嫁衣，另一位穿着白色婚纱，新人们认真而虔诚，幸福之情溢于言表。是啊，有什么见证能比千年的见证更为长久，有什么祝福能比千年的祝福更为悠远呢！

· 远观老龙树

摄影之家，是民宿更是亲切的家

· 东川的民宿大都挂满了这样的牌牌匾匾

据说，最早发现东川红土地的，是一个广东人。他从飞机上无意看到这块斑斓的红土地后，一路追寻而来，找到了东川。

而最终使红土地声名远扬的，却是技术高超的摄影师们。当他们将这些精美绝伦、摄人心魄的景象如实地拍摄并传播后，一批又一批的摄影爱好者和发烧友不远千里找寻到这里，一次又一次地见证了这片土地的神奇和妖娆。

这种传播效应是惊人的，东川这块美丽的土地就这样走进人们的视线，迅速走红，如今已然成为了云南又一张闪亮名片。

· 小米花

因此，东川人对摄影师由衷地有好感，他们经营的家庭旅馆仿佛只为摄影师们提供服务。在东川的红土地上，家庭旅馆如雨后春笋般林立，不管规模大小，豪华还是简单，无不都打上"摄影创作基地""摄影之家"等名号，有的甚至挂上了"××摄影协会"的牌子。我入住的家庭旅馆门口就密密麻麻地挂着各种牌子，如"四川艺术摄影协会创作基地""广州市工人摄影协会红土地创作基地"等，名头很响，看得人眼花缭乱，实际上只是提供食、宿、包车、导游等一条龙服务，与一般的客栈无异。或许因为摄影推动了东川旅游业的发展，东川人便以此形式表达了对摄影人的敬意吧！

当然，比起云南那些耳熟能详的大景点，东川红土地的名气显然还是不够的，游客并不是很多，基础设施还有待完善。目前东川红土地旅游处于萌芽状态，景致全是原生态的，景点没有关卡、没有门票，标志也不明显，一切天然随意。你可以来回在各大景点间驰骋、反复游览，也可以在一处守候，愿意待多久就待多久，不用考虑要不要买套票或联票，这便是东川红土地旅游最超脱、最自在之处，没有任何的商业气氛，淳朴自然，带着泥土的气息。

正因为如此，东川的家庭旅馆便充当起"家"的作用，给游客提供起其他的旅游配套服务。所以来东川，只要投宿了旅馆，吃饭、租车甚至向导都可以找旅馆解决。当然，如果能提前预约一下会更好，以免碰到客人多时车辆紧张供应不上的窘境。如果是自驾，建议在当地请个向导，毕竟你对东川的路况不熟，景点的标识也不明显，观景的方位也是有技巧的，错过了就可惜了。

而你若想摆脱旅馆，自己掌握情况，还是不太可能。这里确确实实是农村，毫无任何的商业气氛，没有商业街，连像样的餐馆可能都很难找到，想要租车还真找不到人问。

家庭旅馆提供的饭菜大都是农家菜，有的青菜是老板自家种植的，鸡是自家养的，绿色环保，绝对原生态。如果你想要自己掌勺，他们也是非常乐意促成的。想想在一个遥远的地方，还能吃到自己做的饭菜，品尝到熟悉的味道，是不是很有家的感觉！

· 瓦房梁子

· 乐谱凹

东川隶属昆明市，但从昆明到东川即便是包车也得花上半天时间，所以游览东川红土地至少得两天两晚。

DAY 1

上午从昆明坐车至东川，下午游览客栈附近的红土地。若天气尚可，建议直接去落霞沟看日落。

DAY 2

包车观看红土地，一天可游览完。

游览顺序：月亮田（观日出）→千年龙树→红土地大观→锦绣园→七彩坡→打马坎→乐谱凹→螺丝湾→瓦房梁子→锅底塘→落霞沟（等候日落）

Plus

基础信息

交通·

如何到达东川?

从昆明北部客运站搭车至东川。全程 170 公里,车程 2.5 小时,票价 55 元。

如何到达东川花石头村或花沟村?

1. 从东川农村客运站搭法者(马街)班车至花石头村或花沟村。全程 40 公里,车程 1.5 小时,票价 23 元。
2. 从昆明北部客运站搭乘直达法者的公车,在花石头村或花沟村下,路况较差,车程 6 小时。
3. 从昆明机场直接包车至东川花石头村或花沟村,车程 3 小时,包车费 500 元。

Tips: 东川红土地主要景点间都有一段距离,道路标识不太明显,可提前向旅馆房东预约包车,费用约 300 元;若自驾,建议请一名当地向导,以确保不漏掉每一个好景点。

门票·

东川红土地目前还处于原始的农耕状态,所呈现出来的是各种农作物和土地交融的斑斓景象,非常地自然和原生态。目前旅游开发还未完全介入,景点间已铺筑了完好的柏油路,但还未划出景区,故没有门票。

住宿·

东川红土地的住宿大多集中在花沟村、花石头村和落霞沟,且多

基础信息

为家庭旅馆，标间价格 60~240 元，独立卫浴，24 小时热水，提供租车、餐饮等服务。

红土地万达旅游园

地址：昆明市东川区红土地镇花沟组 28 号
价格：180 元 / 间
电话：13312570309，0871-62728569

红土地旺盛农家园

地址：昆明市东川区红土地镇花沟小组
价格：60 元 / 间
电话：15287180718

春秋大酒店

地址：落霞沟附近，新田村岔路口
价格：240 元 / 间
电话：13987076918，15887032088

美食·

东川红土地主产土豆，但最好吃的当数金洋芋（小土豆），个头小、产量稀少，吃起来有芋头的香味，捣成泥炒蒜或直接油炸均非常好吃，是当地的一道名菜。

东川面条具有丝好、久煮不烂、香滑等特色，并因此驰名云南，到当地不妨品尝由东川面条制成的卤面，汁香、料多、味道赞；同时也可作为馈赠亲朋的送礼佳品。

荞粑粑蘸蜂蜜是当地一道非常珍贵的山野风味名吃，当地特产苦荞，做成荞粑粑有点苦，但配上蜂蜜，软糯可口，味道饱满。

9月份是油菜花的主场，公路边、田地里，一丛丛、一片片、铺天盖地迎面扑来；白色的花朵，绿色的枝叶，交融成淡雅的色调，将东川粉饰得清新脱俗，荡气回肠

• 狮子山牡丹园

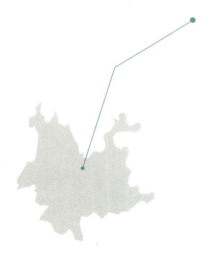

武定在楚雄的最东部，
与昆明地界毗邻，
昆明至元谋高速路路过此地，
也是「出滇入川」的必经之地。

因为地处乌蒙山余脉，境内崇山峻岭、群山连绵，
山地丘陵、谷地、河谷平原和山间盆地相互交错，
形成了各种奇特的地质地貌，
蕴藏着丰富的旅游资源，
比如狮子山、己衣大裂谷、水城河等。

CHAPTER
5

中致
闺景
中

•

武定

摊开旅游地图，按图索骥地过滤着云南楚雄州
的每一个景点，武定仿若待字闺中的淑女，沉
默地独处在角落里，毫不张扬。

且不说狮子山山清水秀、风景奇佳，也不说万
佛塔、白龙庵、月牙塘等具有传奇色彩的人文
景观，单就明朝建文皇帝朱允炆避难隐居于此，
就足以让人探奇寻秘了。

狮子山，曾经的帝王隐居地

· 牡丹园里的凌空栈道

　　此次的行程中，作为中转站的武定县城注定只是匆匆一瞥，这个小县城没能给我留下太多印象，我们甚至将留宿之处选在狮子山风景区上，为的是有更多时间饱览山上的名胜古迹，呼吸新鲜空气，感受清风、明月、树影相伴的空灵与雅趣。

　　只可惜山上的夜色来得太快了。待我们收拾妥当，想在山上转悠散步，四周已是一片漆黑，不见人影，山野寂静无声，唯有山风调戏树叶发出的婆娑声，让人感觉越发清冷。索性躲进陋室，举清茶邀明月，相欢对酌。

　　次日清晨，雨后的狮子山空气清新而湿润，山上植被茂密，郁郁葱葱的树木将狮子山装点得生机盎然，全无秋日的肃杀之气。据说狮子山因山势形似雄踞的狮子而得名，我们身处山中自然无法览得全景，想俯视山下的景致，看到的却是雾气上升的混沌。行走于山间，负氧离子充沛，全身上下通畅轻盈，非常舒服。可惜，山间石阶因雨水的滋养长满了青苔，有些滑脚，时不时地考验着我们的脚力和注意力。

狮子山景区范围很大，东西长 12 公里，南北宽 8 公里，连绵几个山头，小半天的时间是参观不完的。正续禅寺正处于半山腰，保留着明代的建筑风格，气势恢宏，古朴肃穆，因为明朝建文皇帝朱允炆避难隐居于此，更添了些许神秘氛围和厚重的历史气息。山因人而驰名，何况这个人是明朝"靖难之役"之后失踪了的建文帝，所以狮子山"滇南第一山"的名头便沾了点这位落难皇帝的名气，在滇南众多的大山名川中独占鳌头。

狮子山中也留有一些这位倒霉皇帝的行影踪迹。山门外的一侧有"月牙潭"和龙王庙，据说那潭口的泉水便是建文帝用挑水担戳出的，取之不尽、用之不竭，清甜甘冽，用其制作的豆腐，鲜嫩可口，远近闻名。当地老百姓因此雕了石龙，建了龙王庙以示纪念。山上"蚊子不咬人、青蛙不鸣叫"，据说

· 牡丹园里的花神雕像

· 正续禅寺的藏经楼

也是听从了建文帝的旨意，才变得如此乖巧。虽是传说，我在山上安然度过一夜，还真没受到蚊子与青蛙的骚扰。

　　拾级而上进入正续禅寺，一道雄伟气派的山门威然耸立，"西南第一山"五个苍劲大字赫然映入眼帘，山门三重凤檐，古朴厚重，尽显威严。依着山势而上，走过前门，便是寺庙的主殿大雄宝殿，这里古柏苍劲，青苔铺阶，古意盎然；宝殿雄伟壮观，屋檐门楣窗扇，或雕或绘，工艺精湛；亭台楼阁，皆布局巧妙，尽显古代园林建筑之精髓。

　　大雄宝殿的后面是藏经阁，建筑景观似乎更为精致。藏经阁比之大雄宝殿高出几许，石墙台阶修筑工整，从下仰视，更显威严。藏经阁共两层，一楼安放着建文帝的塑像——和尚模样，面形消瘦，穿着黄色袈裟，端坐于龙座之上，据说这便是明建文帝的真容。殿外挂着一些牌匾，正中的匾额写着"帝王衣钵"，其中有一联为"祖兴皇觉寺，再传天子复为僧；叔误景隆军，一片婆心原是佛"，颇有禅意，道出了祖孙二人皆有佛缘的禅机。祖父朱元璋自皇觉寺起家，孙子朱允炆却落难藏隐于正续禅寺，冥冥之中，仿佛一切皆有定数。

据传当年，燕王朱棣兵临南京城下，建文帝朱允炆自知大势已去，便想以身殉国时，被大臣劝住，请出了太祖留下的锦囊妙计，原来太祖早就预知后事，劝其出家避难，无奈之下朱允炆乔装而逃，流落至此。朱允炆似乎不甘心命运的安排，老寻思着东山再起，最后在指空禅师的劝说下终于出家，得以善终。为了掐断朱允炆的念头，指空禅师建了锁龙碑，暗示着皇帝无法东山再起。

我们在藏经阁前找到了这个锁龙碑，龙目圆瞪，活灵活现，一代帝王就此陨落，荣华富贵如水中月镜中花，从此古佛青灯伴春秋。

我想，朱允炆终究还是心有所不甘，悲恨难平，石碑留下了他的遗诗："牢落西南四十秋，萧萧白发已盈头。乾坤有恨家何在，江汉无情水自流。长乐宫中云气散，朝元阁上雨声收。新蒲细柳年年绿，野老吞声哭未休。"诗中句句血泪，饱含辛酸，令人叹息。然而，这就是历史，弱肉强食，骨肉相残；这就是人生，生命无常，祸福难测；这全是幻象，荣华富贵，转眼成空。

据说，正续禅寺由指空禅师进行了匠心独具的扩建，而这样的扩建是不是因为建文帝的缘故呢？野史无从考证，但这座古刹由此增添了神秘的色彩，多了些八卦传说。狮子山从此名声大振，人们纷纷来此寻幽探奇，文人骚客也在此撰诗楹联，成就了狮子山厚重的历史文化积淀，从此，西南第一山名不虚传。

TIPS：

狮子山是国家4A级景区，距离昆明74公里，为云南著名的旅游度假胜地，狮子山景区范围较大，可安排一天慢慢游逛。正续禅寺的侧面是牡丹园，每年3、4月，牡丹花时节，狮子山会举办"牡丹花文化旅游节"，届时可欣赏到种类最多最全的牡丹花。狮子山门票80元。

己衣大裂谷，美丽的大地伤疤

• 己衣大裂谷

　　连绵的群山突然裂开一条隙缝，似乎深不可测，山峦植被茂盛，隙缝裸露出赭红色岩石，沧桑嶙峋。那条赭红的裂缝在一片翠绿中深浅蜿蜒，犹如一道伤疤扭曲地烙刻在大山里，既触目惊心，又大气磅礴。

　　这就是地处武定的己衣大裂谷。千万年前因地壳运动的挤压、上升、褶皱和断裂而逐渐形成的壮观景象。如今，依然沉睡在乌蒙山的深处，不太为外界知晓。

　　从武定到己衣有 120 公里的路程，路况虽不错，铺上了柏油路，但车子深入乌蒙山腹地，在山路中徘徊了近 4 个小时，才到达目的地。

己衣乡到大裂谷还有三四里路，汽车无法通行，须徒步穿过村庄、经过田地，走的全是乡间土路。因为连续下了几天豪雨，小路上泥泞不堪。不时有村民赶着骡子与我们交错而过，坑坑洼洼的土路便是骡子的杰作，被雨水一泡更加松软了，很难找到下脚的地方了。我们挑着稍微可踩的路面，东一脚西一脚地跳蹦着前行，鞋子和裤管已经不可救药地沾上泥巴，短短两三里路，走得比跋山涉水还艰辛。

我们在当地请了个向导，开始了大峡谷的探秘。一路上鲜有行人，更别说游客了，偶尔有两三个村民赶着载货物的骡子匆匆而过，残留下了不少的骡子粪便，来不及清扫。己衣大裂谷没有门票，只是象征性地收取 5 元的垃圾处理费，显然这条峡谷通道是连接己衣乡的交通命脉，为两边村民的往来提供着生活便利，它的实际意义已然大于旅游的开发利用了。

向导告诉我们，己衣大裂谷始于法宝峡谷，终至金沙江边畔，全长 30 公里；裂谷最宽处 200 米，最窄处仅 6 米，最深的地方 300 余米。武定海拔最低和最高的地方都在己衣，落差 2000 多米，形成了奇特的自然景观，"山头飘白雪，山腰开桃花，山脚稻花香"是己衣立体气候的真实写照。己衣大裂谷旅游资源丰富，但目前只开发了 7 公里，从红军树到天生桥，可以观赏到大峡谷最美的壁崖景观。

红军树是己衣大裂谷的第一个景点，也是进入大裂谷的必经之路，处于崖口，可俯瞰大峡谷全景。

这是一棵有着百年历史的老松树，生长在悬崖边，食风霜雨露，吸日月精华，树干苍劲挺拔，独自昂然屹立。有一条修缮完好的青石台阶直下悬崖，连接起红军树，树的周围建了平台，围了栏杆，还立有一块石碑，记录着曾经发生在这里的一起悲惨事件。

当年红军长征途经此地时，两名红军战士受伤借住在当地群众家中，被反动地主武装发现并逮捕，他们把这两名战士带到红军树下，残忍地推下山崖，一名战士壮烈牺牲，另一名后来得到了老百姓的救治，继续长征。为了纪念牺牲的红军战士，当地老百姓亲切地称此树为"红军树"。2013 年，当地政府为了推动己衣大裂谷的旅游业，专门修缮了此景点供人瞻仰。

从此处眺望，大裂谷雄姿一览无余。峡谷在此开裂较大，随着地形变化裂隙越来越窄，两旁红岩石裸露，或如刀削般平整，或露峥嵘状，凹凸不平。这些山体布满了横条的细纹，像极了绳勒的痕迹，又似山体的皮肤细皱，小部分石头因风吹雨淋露出黑斑，如一名饱经风霜的老人，显得刚劲和沧桑。山上的植被茂密，郁郁葱葱，有些崖壁上顽强地生长出植物和青苔，将峡谷装点得既壮观又不失生气，既雄伟又色彩分明。远处，人工凿出的小道蜿蜒远去，增添了峡谷的灵动和妩媚。

天生桥是己衣大裂谷最神奇的一处景观，充满传奇色彩，集中了大裂谷最秀丽的景致。

据说，天生桥未形成之前，裂谷两侧虽鸡犬相闻，却难以相通，即便是最窄处也有6米宽，让人难以跨越；可巧的是，此处斜长出一棵大树，枝条横跨，将两侧的距离缩短为1米，胆子大的村民便从此处跳跃，借大树而过，当然，也有村民因此不慎落入悬崖。即使通行条件恶劣，随时有生命危险，但此处却是当时两边村民往来的唯一捷径了。

40年前的一次地震，使峡谷的岩层断裂崩析，一块巨石横空落下，在距离崖顶30多米的地方悬空卡住，仿若一座天然的桥梁，天衣无缝地连接着两边的峡谷，当地人称之为"天生桥"。

民众在裂谷两岸峭壁上凿岩取道，将壁道与那块天降巨石相连，当地政府在此基础上对道路进行整修，铺了青石，加上护栏，形成了现在的规模，天堑从此变成坦途，方便了两岸村民的交流和往来。

沿着修缮完好的阶梯路直下，两侧的壁崖险峻陡峭，山石斑驳嶙峋，景致因近距离观看更加雄伟气派，悬崖逼压形成了居高临下的态势，令人感觉有点透不过气来。

峡谷对岸精巧的壁道此时看得清清楚楚，凿壁挖出的空隙已然和悬崖浑然一体，紧贴着崖壁呈"之"字形蜿蜒，阶梯若隐若现，青石栏杆分外醒目，远远望去如长蛇盘卧山体，又似天梯直上云间。峡谷间只见瀑布流淌，却不闻流水声，谷底深不可测。

行走到"天生桥"时，冷风灌顶，脚步踉跄，逼压的感觉更加明显，仿佛有一股力量将我们往沟底吸，脑袋有点旋晕，整个人都站不稳，紧紧地抓住护栏，猛吸了口气，才将自己定住。难道这是地球引力，抑或是"低原反应"，

· 悬壁中凿出的步道

至今也摸不清状况。

　　小心地在"天生桥"两侧游走，移步换景，美不胜收。突然，阳光从崖缝里倾洒了下来，阴森的峡谷顿时亮堂起来，充满了光彩。那些奇形怪状的岩壁像涂了一层金黄的色泽，显得生动柔和，不再面目可憎。我们兴奋地举起相机狂拍，在这里，壁崖怪石才是主角，蓝天白云已缩小成一条线，偶尔做清新的小点缀，张张美照洋溢着阳刚之气。

TIPS:
　　己衣位于云南省中北部，境内山岭纵横，地形地貌复杂多样，景色迷人，有金沙江风光、己衣大裂谷、土司古道、热水塘温泉、罗能村五股水、大凉河等奇特自然景观。己衣大裂谷景区面积约30平方公里，有景点10余处；已开发的仅有7公里，红军树和天生桥2处景观，景区无门票，只收取5元的垃圾处理费。

已衣村，大山的恩赐

· 己衣梯田

己衣镇是武定北部的边缘山区，以金沙江为界，与四川凉山州会理县隔江相望。因地处大山腹地，己衣镇有些闭塞，当地经济以农业生产为主，基本处于自给自足的生活状态。

所以，乡镇不大，商业不太发达，只有两条街道而已。

这两条街道平行交错，以老街、新街区别。老街处于下方，铺着青石路，泛着悠光，有点年头；客运站、乡政府、己衣宾馆和农村合作社等都集中在这条街上。

新街似乎建成没多久，新铺的水泥路，新建的水泥钢筋房屋，齐刷刷地留着一排店铺，街道笔直宽敞，但没有人气，大多数商铺都大门紧闭。

守着己衣大裂谷这个惊世美景，当地人似乎也意识到了旅游对经济的推动作用，开始重视和开发这个景点。家庭旅馆自发地多了起来，反倒是餐馆寥寥无几，街头只有两三家，以小火锅和面食为主，但也是惨淡经营，整个乡镇显得冷清和萧条。

房东告诉我们，2014年10月己衣乡刚挂牌升格为镇，他们希望己衣的旅游能推动经济的发展，给他们带来较好的收入，他们刚建了这座四层楼的大房子，有一二十间的客房，等待着旅游的火爆。

看来，己衣大裂谷旅游的兴起只是时间的问题，它只是暂时藏在深闺未被人识得罢了。

一条大裂谷把己衣乡分成了两半，村庄分别建造在两边的山上，两边的往来在天生桥还未形成、路未修缮之前，其实相当艰辛，但大山里的人们守

· 己衣村的土掌房，青瓦土墙，冬暖夏凉

着清贫，忍着寂寞，世世代代散居着，从未想过迁徙。大山给予他们生活的保障，良田、农作物和五谷丰登让他们生活无忧，这就是他们坚守的家园。

己衣的村庄大都建在高处或山坡上，房屋依着山势，错落有致，点缀于梯田中，掩映在树丛里，质朴静谧，浑然一体，有一种说不出的清新脱俗。

紧临着己衣镇的，有一个大村庄。有别于乡镇的城镇化，己衣村还保留着弯曲的土路，以及当地极富特色的土掌房。

土掌房青瓦土墙，冬暖夏凉。瓦是本地村民自己生产的瓦片，墙体则由自家坯制的巴掌大的土砖垒成。有条件的人家会在墙体刷上水泥，大多数房子原样土坯，倒更显古朴自然。唯一的装饰是在屋檐下的墙体上悬挂着的长木头，随意地穿上茅草树枝，效果很不错，仿佛给房屋穿上了衣服，实际上最主要的用途是晒茅草，以做柴火，一举两得，劳动人民的聪明才智可见一斑。

房东说，己衣村的土掌房布局是有讲究的，一般由正房、耳房和面房组成，大多两层高。正房一楼是客厅和主人的居所，楼上用于贮放粮食；耳房在正房的左右两侧，格局较小，用作小孩房和客房；面房在正房的前方低矮处，主要是关家畜；中间围起的小院子起着通风、采光的作用。整个房屋的布局合理，坐西向东，基本满足了己衣人的生产生活需要。己衣人将这种房屋保留了下来，并没有像云南一些小村庄，已建起了一些现代的钢筋水泥房屋，显得突兀，与周遭环境格格不入。相反地，己衣村因为统一而和谐。

TIPS:

己衣人口仅1.5万，分布在峡谷的两侧，少数民族人口占一半以上，主要生活着彝族、傈僳族、苗族、傣族、哈尼族等少数民族。重要的民族节庆有农历六月二十四日的彝族火把节、农历五月初五苗族花山节和傣族泼水节。

• 修缮完好的峡谷步道

武定这样玩！

武定自然与人文景观丰富，至少可以安排三天两晚。

DAY 1 搭车至武定，入宿狮子山；下午游览狮子山名胜。

DAY 2 从武定搭车至己衣，若是包车，中途可顺便游览水城河景观（约 3 个小时）；下午参观己衣大裂谷。

DAY 3 从己衣包车至新民码头，坐快艇驰骋金沙江，并在热水塘泡温泉；到万德参观土司遗址。

己衣大裂谷仅开发 7 公里，若是资深驴友，可请当地人做向导，深入大裂谷深处，那里有绝美风光。

交通 ·

如何到达武定？

1. 从昆明西北站搭车至武定。7:30~19:30 每半小时一班车，票价 22 元，车程 2 小时。
2. 从东川花沟搭东川至禄劝的中巴至禄劝，全程 150 公里，车程 4 小时，票价 50 元，班车联系电话 13888730844；再从禄劝乘出租车至武定，全程 7 公里，车费 30 元。

如何从武定到狮子山？

从武定客运站打面的至狮子山，5 元／人；或包车至狮子山，40 元／趟。

如何从武定到己衣？

1. 从武定客运站搭中巴至己衣乡，全程 121 公里，车程 4 小时，票价 30 元，一天 5 班，发车时间分别为 7:00、8:30、10:00、11:40、13:00。
2. 从武定包车至己衣乡，400 元／趟。推荐包车司机老杨，他的联系电话是 13887893760。

如何游览金沙江？

1. 从己衣镇包车至新民码头，全程 23 公里，其中 18 公里是土路。
2. 在新民码头包快艇观金沙江两岸风光，并至热水塘泡温泉。快艇至鲁车渡口需 40 分钟，来回 400 元；至热水塘来回 250 元。

Plus

基础信息

住宿 ·

狮子山景区有多家宾馆和度假村，价位 100~300 元 / 间。

狮子牡丹楼宾馆

价格：188 元 / 间。

华兴苑

价格：标间 100 元 / 间，高级套房 488 元 / 间。

己衣镇有多家客栈，独立卫浴，太阳能热水，标间价格 40~60 元，周末及节假日须提前订房。

天金宾馆

价格：标间 60 元 / 间。
电话：13638704836

美食 ·

目前己衣乡的餐饮店不多，大多以小火锅为主，一般晚上七八点就闭门谢客了。老街街头有一家"鲜园饭店"，经营小炒，味道不错，特别是红心萝卜排骨汤，味道很赞。客运站边上的米线馆物美价廉，一碗 5 元，可是以鸡汤做底的。
哈密瓜、西瓜、大青枣、杜果是己衣特产。

再
逛
逛

水城河景区 ·

位于武定插甸乡水城村，距离武定县城 58 公里，武定到己衣乡途
经之地。如果包车或自驾到己衣，不妨先到该景区游览，沿着河
床而下，欣赏各种瀑布和奇形怪状的红砂岩，感受旖旎的自然风光。
该景区游览时间为两三个小时，无门票。

万德土司遗址 ·

位于武定万德乡，至今保留有土司大院、土司囤兵大营、土司衙门、
土司铜钟、土司墓群、土司路等古迹，积淀了 400 余年历史的罗
婺土司文化，是了解土司文化的一处重要古迹。土司府的大部分
建筑已损毁，留有宗祠和闺阁，结构精巧，可见旧时之风采。

· 正续禅寺阶梯廊亭

人工凿出的壁道弯弯曲曲，和悬崖浑然一体，紧贴着崖壁呈"之"字蜿蜒，阶梯若隐若现，青石栏杆分外醒目，远远望去如长蛇盘卧山体，又似天梯直上云霄。

石羊之天時地利・君子焉可得聞乎？

友人顧曰：「然，略以子之所聞見言之。」

彭子曰：「唯唯。彝之都，遠古伏羲，十月太陽歷之耀宇；鹽之都，往事如烟，千年碛石鹵之傳奇；君不見石羊，北望滾滾金沙卷麗水，東拒渾渾土林疆元謀，西眺莊花蒼洱彌紫氣，南瞰悠悠銅鈴取身壽，巴未見，互添臉面；龍女牧羊有獃石似羊，創土舐齒，山民懷往；得石羊，迷放地名。相由心生，味從鹽出；此咸點公，均沽而弭路步步高；賣，「阿畔」星移，列朝更迭，羊魯垔溢甸，勿名甸水，三桃秦昌襄王、白井驛遂、西溪石縣，漢甸裒鹽；石羊因壁發……

· 石羊孔庙前的《石羊赋》

楚雄

楚雄彝族自治州地处云南省中部，东靠昆明市，西接大理白族自治州，南连普洱市和玉溪市，北临四川省攀枝花市。楚雄州辖1市9县，州人民政府驻楚雄市，距昆明市160千米。

石羊賦·漢賦

彭桓

彭子曰：……嗟乎！鹽都佼佼……

大姚白井：儒冠楚楚·石羊孔廟。

翘首仰之，千年祭祖民必需……

CHAPTER
6

历史之诉·楚雄

在楚雄，元谋人遗址被发现，从此，这块古老的大地上有了人类活动的最早踪迹。接着，禄丰恐龙化石出土，证明了这里至少在侏罗纪时代曾经是一片广袤的森林，有着恐龙繁衍生息……

然而，云淡风轻的日子里，我们只看到楚雄恬静地安处一隅，粉黛不施，毫不张扬。还好，历史总能留下些痕迹，有意无意地述说着曾经的岁月。

楚雄，抹不去的岁月痕迹

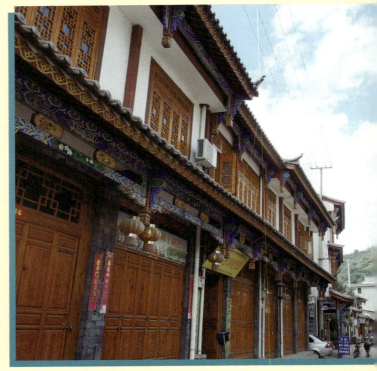

· 石羊古镇街肆

最早获得关于楚雄信息的，大概是元谋人遗址的发现。我第一次知道这块古老的大地上有了人类活动的最早踪迹。接着，禄丰恐龙化石的出土，证明了这里曾经是广袤的原始森林，至少在侏罗纪时代就有恐龙繁衍生息。

……

历史还能向前推进多远，亿万年，千百年？是经历地壳运动的山裂石崩，还是金戈铁马的战事风云，抑或是繁华如梦的市井生活？时间太过漫长，长到我们忽略了这里曾经发生过什么。云淡风轻的日子里，我们只看到楚雄恬静地安处一隅，粉黛不施，毫不张扬。但是，历史总能留下些痕迹，有意无意地述说着曾经的岁月。

因此，当我们翻开楚雄的版图，计划旅游时，发现除了险峻奇美的山川，这里斑斑点点都渗透着古老的痕迹、考古的玩味，还有文明的标杆，这种厚重的文化底蕴和历史渊源，为楚雄的旅游重抹一笔，也给了旅人丰富的旅游线路选择。

禄丰考古发现大量完整、种类繁多的恐龙化石使这里成为了恐龙的原乡，由此而开发起来的、具有科普性和娱乐性的恐龙文化旅游主题公园、恐龙谷，是恐龙迷乐不思蜀的乐园。

元谋人遗址、禄丰古猿人活动遗迹、元谋大墩子、永仁菜园子等遗址景观貌似稀松平常，但这样的文明源头却具有标杆意义，喜欢探索人类由来的考古迷们必定蜂拥而至。

古镇则是楚雄岁月的积淀，荣光的见证。有着千年历史的黑井古镇和石羊古镇是云南有名的盐镇，在海盐未能普及的年代，这里是重要的制盐产地，产过贡盐，繁华一时，富甲一方。有着"云南千年变迁刻录机"之称的光禄古镇，记录着大理国的兴衰荣辱，历经宋、元、明、清、民国五朝的姚安府完整保留了当年军政府衙风貌，那是何等森严，又何等奢华。彝人古镇则是在彝人遗址上建立起来的小镇，用时尚与风情展示了彝族的建筑文化、市井文化、生活状态和历史文化，让人们对彝族有了新的认知。

最终，我们还是将目光锁定在古镇，因为这里既有古迹可寻，又富有人文气息，还有历史可回味。我们或许能找寻当年的影迹，那一段段斑驳的残垣断壁，是否经历了金戈铁马的纷乱；那一幢幢没落的府宅大院，曾经又是怎样的威严气派；那一条条四面通达的街肆，原先可是车水马龙，繁荣喧嚣，这样的旅行肯定会满足我们的好奇心，这样的游历应该是耐人寻味！

我想，当记忆开满了鲜花，有一朵必定会绚丽地绽放在楚雄的大地上。

石羊古镇，千年盐都一地繁华

· 石羊古镇建筑

　　有着千年历史的石羊古镇是云南有名的盐都，在海盐未能普及的年代，曾是重要的制盐产地，产过贡盐，商贾云集，富庶一方，是南方古丝绸之路的一个重要驿站。同时，古镇历史文化厚重，尊孔重教、尊贤重廉、尊礼重节之风盛行，一年一度的石羊祭孔大典已成为楚雄州的文化盛事。

　　石羊古镇大多的古迹都集中在老街上，老街又分为象岭街、羊泉街、绿萝街和老泉街四段，如今基本整修一新：街道铺筑得非常规整，走起来平坦舒适；两旁的商铺做了统一规划，建筑风格和色调基本一致，黑瓦衔接的屋顶，修饰繁复的屋檐梁楣，漆上赭红色的梁柱。最漂亮的是小轩窗，清一色的亮黄，镶上木格花窗，远观富丽堂皇，弥漫着浓厚的中国风。唯有夹杂着的一两幢破旧的老房子，斑驳的墙体，松垮的木质，诉说着曾经的风雨沧桑。

老街游客不多，店铺里经营的多是居民的日常生活用品，少了些商业气氛，多了市井味道，自然可亲。当地人日子过得从容自在，店铺敞开着做生意，店主可能在房前屋后忙活，或者与邻家唠嗑，有的甚至将小桌子摆到街道打起了扑克牌，赚钱与休闲两不误，也概莫如此了。

作为云南历史上有名的盐镇，盐文化一直是石羊古镇的热门标签。

比如西汉盐井。如今已是盐博物馆的一部分，被妥善地保护了起来。这口盐井至今还在出着卤泉，台阶之下满盈盈的水面，谁能想象已流溢了千年。千年的盛景，造就了一地的繁华，也成就了古镇的富庶，古镇的历史和风情就是从这貌似平常的泉眼开始，并源远流长。

晒盐篷是古镇的一道特殊风景。这种造型独特的晒盐篷号称中国最大的"晒盐篷"，长100余米，宽40余米，由枝条搭成斜三角形的形状，主要用来过滤卤水和杂质，配套着上方架着的引卤水竹管、环绕周边的压力池、储卤池、回卤池和盐作坊，形成了系统科学的制盐流程。

盐作坊处于晒盐篷的后面，作坊的正中筑起大型的鸡窝灶，排列整齐的十几个灶口上放着筒子锅，一锅锅的卤水正冒着热气，白花花的精盐最后在

· 号称中国最大的"晒盐篷"

· 制盐工具

此熬制出炉。在这里可以买到本地生产的白盐，除了可以食用的，也开发美容、沐浴等盐产品。

除了"盐"，孔庙也是古镇的标签。石羊孔庙建于明代，按中国古代宫殿衙署庭院形式布局，讲究规整对称，棂星门、大成门、天子台、大成殿等主体建筑建设在一条轴线上，两边分别有东庑、西庑、乡贤祠、名宦祠、朱子阁、仓圣宫、明伦堂、黉学馆、魁星阁等建筑群，院落内种有苍劲的柏树，粗壮擎天，透着幽幽古意。整个庙宇规模宏大，庄严肃穆，一年一度的祭孔大典便在这里隆重举行。

大成殿内供有孔子铜像。该铜像铸于清康熙年间，高 2.3 米，重 2.5 吨，据考证是世界上历史最悠久、保存最完好、做工最精细、体积最大的孔子铜像。铜像头戴冠冕，手持朝笏、庄重华贵；表情丰满，双目圆瞪，不怒自威，显示出当地老百姓对文圣的敬仰之意。

· 石羊孔庙棂星门

　　孔庙内的另一看点是明伦堂的"封氏节井"浮雕。这是由六块汉白玉直板拼成的高 2.3 米、宽 4.2 米巨幅浮雕，表达两个内容：其一讲述清朝官员李卫来滇赴任时，遇难洞庭湖，被石羊土主菩萨救助的传说；其二描述明末清初张献忠部将孙可望欲霸占封氏，遣人杀死其夫，封氏为保贞节投井自尽的故事。浮雕刻于清道光年，雕工精细，波涛祥云、殿宇楼阁、人物形态栩栩如生。浮雕原描有彩绘，因年代久远，有的已褪色了，有的模糊了，整个色泽暗哑，但更显沧桑斑驳，渗透着厚重的历史气息。

　　孔庙内不时地营造尊孔重教的氛围。醒目位置张贴着石羊孔庙重奖云南省各州市高考文理科状元的公告，楚雄州历届高考文理科 "状元"甚至刻入了石碑。如此大张旗鼓地宣传、重奖优秀学子，而且上升到立碑扬名的至高荣誉，这在任何一个地方都是极为少见的，可见石羊古镇对教育的重视程度。

　　整个孔庙细细地走了一圈，我们仿佛上了一堂深刻的尊孔重教、尊贤重廉、尊礼重节的儒家传统教育，而这种思想一直深深地扎根于石羊古镇，古已有之，今更传扬。

TIPS：

　　石羊古镇地处云南省楚雄州大姚县西北部，是著名的"滇国盐都，祭孔圣地"。古镇的历史可追溯至汉朝，盛于唐朝，在宋朝时曾是古丝绸之路上的一个重要驿站。小镇不大，半天游览时间足够。石羊古镇门票 50 元，含石羊孔庙、盐博物馆、晒盐篷等景点。

光
禄
古
镇
，
半
部
云
南
史

· 光禄古镇牌坊

　　"一个姚安城，半部云南"，一句话道出了光禄古镇的前世今生。

　　是怎样的往昔，让这个古老的小镇享有如此沉甸甸的历史荣耀？走进光禄、走进姚安路军民总管府，我们或许能明白些什么！

　　光禄位于云南省楚雄州姚安县北部，古镇其实由一群古建筑和几条街道组成。

　　老街非常干净，新铺了青石，两旁的排水沟修砌工整，或露出明沟或隐藏起来，沟下流水潺潺，清澈见底，沟内种植着水葫芦，茂盛地露出路面，增添了不少绿意。道路两边有序摆放着盆景树和景观缸，缸里蓄满了水，漂浮着荷叶，有一种说不出的诗情画意。店铺的屋檐下齐刷刷地挂着大红灯笼，老街一下子充满了色彩，情趣盎然。

古镇的建筑基本修复一新，带有浓郁的滇中风情，但又精致和典雅。青瓦屋顶、木质门窗、繁复雕工，留白处应景地涂抹些水墨画，三两笔的勾画淡雅随意，恰到好处，又具有古典韵味。古镇的次街道如东关巷道和西关巷道，还很好地保留着一些古民居，斑驳的痕迹传递着历史的信息，置身于此有种时间穿越的感觉。

光禄古镇的布局讲究而独特。整个古镇呈"坤"字形，含有"坤"之意。"坤"在《易经》里是大吉大利的卦象，有着坤厚载物、德合无疆之美意。华龙寺、文昌宫、军民总管府及东关城门形成一条建筑主轴线，贯彻在"坤"字形的民居街道，东南西北四关连接四方，形成了"坤"字形的建筑格局，既寓意美好，又合乎建筑美学。当然，众多的"回形街"很容易让人不辨东西南北，还好古镇不大，问询着过去，总能找到游览的目的地。

历史就像刻录机，层层圈圈都留下了自己的轨迹。如此小巧雅致的古镇，其实是有大名堂的。

史料记载，早在西汉时期，这里就设弄栋县。县城就建在镇前的高陀山麓，这是云南历史上建置最早的政权，统管着今日之楚雄、南华、牟定、元谋、姚安、广通等地。到了唐代，改设姚州都督府，实行军政合一，管辖范围达到最广，节制着今天的四川西南部、贵州西部和云南全境等广袤的土地，唐朝著名的天宝战争由此地引发，战火蔓延全国，导致了唐王朝由衰而亡，改朝换代，就某种意义而言，这里影响过中国的历史变迁。至宋朝，云南一带为大理国属地，光禄是大理国的八大名府之一的统矢府，也开始成为大理国相国高氏的世袭封地。元、明、清之后行政机构改设姚安路军民总管府，特别是清朝以后的管辖区域逐渐缩小成州、县，并隶楚雄府。因此，光禄古镇曾有"七朝古衙"的美誉，在相当长的一段时间里是云南重要的政治、经济、军事、文化中心，"半部云南史"的说法，有史为证，非浪得虚名。

只是光禄、姚州、姚安如今业已面目全非。现在的姚安县远非当年的姚安可以比拟了，那个曾为云南行省三十七路之一的"姚安"实际上名存实亡；

· 光禄古镇街肆

而统辖滇、川西南和黔西部的"姚州"也豪情不再，被历史淹没，留下来的独有这个光禄古镇供人凭吊了。

了解光禄的历史，对光禄最重要的古迹——姚安路军民总管府，就不再觉得费解了。"姚安"非今日的姚安了；"路"也不是指道路，而是一种建制，在行省之下，比州、府还大；姚安路军民总管府就是一个军镇机构，是当地的府衙，或者更准确地说是土司衙门。

当地人告诉我们，光禄古镇是大理国相国高氏的发祥地。高氏家族自宋代大理国有功于国家，分封姚州后，其家族荣盛不衰，经历了宋、元、明、清、民国五朝，世袭土司之职，累 54 世之长，绵延了 700 余年，成为了中国官场史无前例的家族传奇。光禄古镇也因其先人曾被授予"光禄大夫""光禄少卿"等称号而得名。700 余年的荫庇，这个家族人才辈出，传有"九爽七公八宰相，三王一帝五封侯"的政坛佳话，我们要参观的姚安路军民总管府和高雪君祠都是这个家族遗留下来的。

与之显赫的历史相比，姚安路军民总管府的门面显得低调，并不引人注意。但进入总管府，别有洞天，建筑气派恢宏，为中国古代三重堂宫殿式格局。主体建筑呈中轴线布局，左右对侧、三大院落：依次为迎送宾客的仪门，

· 姚安路军民总管府的思补堂

处理政务的一堂（勤勉堂），左右两厢是"吏户礼兵刑工"六房；处理军务的二堂（思补堂），左右两厢是会文馆和会武馆；以及长官生活起居和读书的三堂（玉振堂）。主体建筑的南侧是私家园林，有花园、水池、亭台、楼榭，布局紧凑、疏密有序、雅致幽静。北侧呢，是高氏土衙，如今保留有高雪君祠、高氏宗祠以及一个小花园。高雪君祠为高氏后人于民国时期在高氏土衙原址上修建，虽形似土衙，但已融入了欧洲风格，在这一群中国式的古建筑中显得鹤立鸡群，与众不同。

　　此时，天色骤变，洁净如洗的蓝天突然换了色调，团团浓云袭来，渐渐阴郁，仿若强敌压阵，巍峨壮观的总管府也变得阴森凄厉。一个家族，能够历经700年风云长盛不衰，这本身，就是一部历史。

TIPS：

　　光禄古镇位于楚雄州姚安县北部，距县城12公里，是西南丝绸之路的必经之地，中原进入滇池和洱海的咽喉要道。古代建筑和古文物较多：有始建于唐朝天祐年间（904～907年）的龙华寺，如今已形成初具规模的华龙盛会；清代建筑文昌宫工艺精湛；民国时期建筑高雪君祠中西合璧，素有"迤西文化名邦""花灯之乡"的美称。古镇无须门票，姚安总管府与高氏土衙、高氏宗祠、高雪君祠形成一片景区，景区门票20元。

彝人古镇，白天不懂夜的闹

· 彝人部落

坐在姚安往楚雄的大巴上，一直在寻思着如何搭乘去彝人古镇，大巴司机说，不用在终点站下，高速路的出口一站便是了，如此便捷！

站在楚雄宽阔的大道上，一时还找不着北，顺着司机指的方向，一排崭新的古式建筑出现在路的对侧，有中国特色的黑瓦屋檐鳞次栉比，影片中常见的酒肆小旗若隐若现。哦，彝人古镇！

彝人古镇是在彝人遗址上建立起来的商业小镇，规模达 100 万平方米，旅游业者以古建筑为基调、以彝人文化为卖点，打造出来的一个融商业、住宿、餐饮和旅游文化为一体的新型旅游文化景区。眼前这片恢宏气派的仿古建筑群、宽阔的街道、古色古香的商铺无不在昭示着现代商业运作的魅力！

只是，人流去了哪里？

快到晌午了，整个小镇静悄悄地，仿佛还在沉睡，一任秋日的阳光肆意挥洒，秋风温柔地游走，天空独自地湛蓝，还有白云轻盈地飘！

这么美好的日子就这样白白浪费、静静流淌！街上鲜见游人，准确地说是行人。一排排商铺门面堂皇，但爱开不开的有点懒散。即便是餐饮一条街，在这个时候也聚不了人气，云南特色的簸箕桌摆在路边，整齐完好未见动用，小摊位上空空荡荡的，好像集体罢工。向来不喜欢喧闹，但如此这般的寂静也使人纳闷。

询问了当地人，说是晚上非常热闹。可眼前的景象，叫我如何想象夜晚的闹，就像"白天不懂夜的黑"，我看不懂彝人古镇的白昼。

午睡一会儿，继续逛小镇，依然看不到人气。作为新建的商业区，彝人古镇的规划井然有序，建设得十分周全，既有餐饮、住宿、文化艺术等各类主题街区，也有展示彝族风土人情的彝人部落；既有豪迈大气的彝族城楼、宅家大院，也有婉约精致的江南水乡、亭台楼榭；桃花溪、清明河、茶花溪蜿蜒其间，拱桥林立、垂柳依依，小镇微波荡漾，灵动秀美。

漫行于古镇中，空气清新、环境幽雅，目光所至赏心悦目，只是毫无人气的商业街区、慵懒的店铺终究使我觉得缺了点什么，最后也走得索然无味，兴奋不起。索性躲进了茶店，在滇红和普洱的茶气中消磨、舒展。

当晚霞倾泻出最后的绚丽，暮色开始降临，彝人古镇恍然苏醒了。

人流不知什么时候涌现了出来。彝人部落里锣鼓喧天、欢声笑语，穿着盛装的彝族男女载歌载舞迎接他们的第一批客人。按照彝人的风俗，尊贵的客人喝了迎宾酒、跨过火塘、穿过彝族风情街，进入彝人部落，他们将在这里品尝长桌宴或簸箕宴、看彝族歌舞表演，度过一个难忘的、具有彝族风情的夜晚。

整个彝人部落的布置是煞费苦心的，处处彰显着彝族文化。彝族风情街上，酒坊、豆腐坊、刺绣坊、茶铺、药铺、彝家公社等店铺都敞开大门做生意，但门边也挂着制作精细的木牌子，详细介绍这些作坊的历史和制作工艺，彝族市井文化不经意间就触及了。彝人部落里，不大的空间里错落有致地布局着山寨、木柱图腾、假山、溪涧和水车，还有彝族独有的民居瓦房、垛木房和毛草房，彝人的生活家园——再现，亲切自然；彝族源远的历史文化则通过精美的雕塑展示，珍贵的彝族六祖雕像形象地表现了彝族祖先的勤劳坚毅。当然，连同接下来的晚宴和歌舞狂欢，会带给游客丰富多彩的彝族文化盛宴。

从彝人部落出来，回到商业大街，景象已全然不同了。原来宽敞宁静的大街人声鼎沸，车水马龙。两旁的街道都被摊位占满，人流如潮水般不断地涌了进来。街上练摊的不仅仅局限于彝族的工艺品、土特产，还有各种现代新奇的小商品。小吃是夜市的主角，烧烤串、羊肉串、牛干巴、姜糖等五花八门，应有尽有，此时最不缺食客。土司府的门前广场，两个帅小伙子倾情演唱，边上听众济济、随声应和；毕摩大广场原先空寂无人，如今被围了起来，一大群人围着篝火正兴奋地跳着火把舞……

若不是亲临这个彝人古镇，你大概无法想象这种昼夜的两重景象，是如此的鲜明，如此不可思议。

TIPS:

彝人古镇位于楚雄市经济技术开发区、楚大高速路的出口处，太阳历公园附近，是楚雄新开发的融吃、住、行、游、购、娱为一体的旅游景区。其处于大理与昆明中间，吃住费用便宜于昆明，成了大理回昆明的中转地。汇集在彝人古镇大多为旅行社的团客，散客较少，才会形成白天寂静、夜晚喧闹的奇特景象。彝人古镇没有门票，彝人部落门票120元/人，含晚餐和歌舞表演；参加广场火把舞20元。

· 姚安路军民总管府后花园

　　游览楚雄的古镇是最为休闲不过了，这些古镇相距不远，大多两三个小时行程，一般上午坐车，中午之前便可到达，午休之后闲逛古镇即可。可安排三天三晚。

DAY 1　　上午到达石羊古镇，下午逛老街，参观孔庙和制盐遗址，晚宿石羊古镇。

DAY 2　　上午从石羊古镇辗转至光禄古镇，下午逛老街，赏荷花，参观姚安路军民总管府，晚宿光禄古镇。

DAY 3　　上午从光禄古镇辗转至彝人古镇，晚上逛街市，参观彝人部落，宿彝人古镇。

基础信息

交通·

如何到石羊古镇?

1. 从楚雄和元谋均有班车到大姚,班次很多。
2. 大姚有班车至石羊古镇,车程1小时,票价9元,早上7:00发车,半小时一班。

如何到光禄古镇?

1. 从楚雄、大姚均有班车至姚安。
2. 再从姚安的朝阳客运站(离老站约200米)搭前往光禄的公交可至,全程13公里,车程半小时,车费2元。

如何到彝人古镇?

1. 昆明、姚安、大姚、元谋、南华等地均有车至楚雄。
2. 若走楚大高速路至楚雄,可出高速路后,直接在彝人古镇的虎门下。若在楚雄火车站可乘坐5路或9路公交车、在楚雄西站或南站乘坐2路公交车、在楚雄北站打的至彝人古镇10元。

住宿·

石羊古镇

古镇内多为私人客栈,标间价格40~60元。

香河宾馆

价格:120元/标间
电话:0878-6370999

云南小旅行

Plus

基础信息

光禄古镇

光禄古镇有众多私人旅馆，价位 40~60 元 / 间。

荷香印象（离公交站点约 100 米，荷塘附近）

价格：80~100 元 / 标间
电话：13908781481

彝人古镇

彝人古镇遍布宾馆和酒店，环境幽雅，住宿条件优越，标间价格 100~300 元不等，团队从大理回昆明中途多在彝人古镇投宿。

乾泰客栈

价格：100 元 / 标间
电话：0878-3364777
地址：彝人古镇四期（毕摩广场旁）D44 幢

民俗 ·

石羊孔庙为楚雄州规模和影响最大的孔庙，每年 9 月 26 日至 10 月 7 日为期十天的大姚石羊孔子文化节已成楚雄州的文化盛事。
每年的二月初八是光禄古镇华龙寺的祈福日，热闹非凡，华龙盛会长久不衰。
每年的 7~10 月间，姚安荷花节便在安禄古镇隆重举办，荷花节上会推出系列旅游文化活动，如异彩纷呈的文艺演出，以"荷"为主题的荷韵摄景、荷塘灯展、荷塘泛舟、荷塘帐篷之夜，以及火把节狂欢和荷美食品鉴等活动，为光禄古镇旅游带来不一样的清新之旅。

Plus

基础信息

Plus

再逛逛

美食

椒盐饼、黄粉汤、盐焖鸡、菜合子、小土饼是石羊古镇的特色美食。推荐"香河苑"餐馆，老板为人实在，本分经营，厨艺不错，特别是猪脚草药汤，香醇浓郁，人均消费 20~30 元。

黑井古镇

黑井古镇位于楚雄州禄丰县西北 92 公里的龙川江畔，是云南四大古镇之一。黑井的古迹很多，有武家大院、王家大院、古盐坊、节孝总坊、文庙、庆安堤和大龙祠等，还有独具特色的红砂石古街，漫步于此，古意盎然。景区门票 30 元。

交通：到黑井古镇大多搭乘火车，从昆明至攀枝花的往返列车，并多为普客，车速较慢。经停黑井的列车较少，时常有调整，去之前最好能掌握火车的班次，以免误了行程。

三潭瀑布

三潭瀑布位于赵家店境内，正处于大姚往姚安途中、快到姚安县境内的路边，瀑布常年水流充沛，高低错落形成三条漂亮的流瀑，流水冲刷出三个深潭，周边草木葱郁，景色迷人，值得游览。一般包车游览。

云南小旅行

大姚白塔·

大姚白塔在大姚县城西面的文笔峰上，为唐代时期古迹，是云南早期舍利塔的实物例证。塔高 18.4 米，顶部为圆锥形，腰部收缩，上大下小似磐石，塔全身用石灰抹白，故名白塔，此造型在云南独一无二，据传为藏式喇嘛塔，由吐蕃所造。

德丰寺·

德丰寺位于姚安县城南大街，现已开辟成博物馆，明代建筑。该寺有三大看点：一是正殿全为木质结构，无钉楔痕迹，18 扇木门雕工精湛，是少有的木雕艺术精品；二是殿内有一尊明代铸造的金身释迦牟尼佛主铜像，高 2 米；三是藏有清代饱学之士、高氏后人高䎧映的酣睡铜像，该像为其生前自铸，真人真像，千古一人。

·光禄古民居

• 和顺古镇

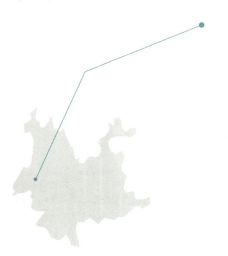

腾冲

腾冲市隶属云南省保山市，位于云南省西南部，地处保山市西部，东与隆阳区相连，南与龙陵县、梁河县接壤，西与盈江县、缅甸联邦共和国毗连，北与泸水县相邻，是中国通向南亚、东南亚的重要门户和节点。由于地理位置重要，历代都派重兵驻守，明代还建造了石头城，称之为『极边第一城』。

CHAPTER
7

极城
风姿
·
腾冲

作为中国西南"极边第一城",腾冲是丰富多彩的。它独特的风景、多元的文化,如一缸老酒,丝绸之路、茶马古道、翡翠之城、火山热海、和顺侨乡和抗日之都等题材就像这缸老酒中的各种微量元素,不断叠加发酵,使腾冲越发饱满、悠远绵长、回味无穷。

和顺古镇，循着『走夷方』的烙印

· 和顺巷子

当我们风尘仆仆地来到和顺，景致令人眼前一亮：一池荷叶接天连碧，风起攒动，花红隐约，暗香流动；一泓碧水蜿蜒潆绕，鱼翔浅底，水草游动，垂柳依依；两座拱桥相映，三五牌坊巍立，一座古意盎然的村庄掩映绿树丛中。和顺，比我想象中的古镇更具风雅和韵味！

在这样的边陲之地发现汉化传统小镇有些意外，历史总有渊源。早在明朝洪武年间，中央政府为加强西南边陲的管理，屯军戍边于和顺，这里逐渐发展成为汉人的聚集之地，汉人的儒家文化与本地的马帮文化交融形成独特的腾越文化。最为突出的是"走夷方"文化的形成和发扬。

　　因为地处西南丝绸之路，和顺自古有经商的传统。加之蛮夷之地生产物质匮乏，和顺人不得不"走夷方"到缅甸打拼，这成了和顺人独有的生活方式和创造财富的契机。

　　和顺男儿一到13岁，母亲就会让他跟随马帮"走夷方"到外面闯荡，这已然根植于和顺人的生活观念，成为了一种习俗，不愿意出门的男子会被认为是窝囊废。和顺有个叫寸品生的男子，自恃考中了秀才有了顶戴，不愿"走夷方"，妻子就把他的顶戴蒸在甑子里，吃饭时端出来摆在他面前，无奈之下他只有去缅甸发展。

　　"走夷方"的男人可能一去不返，客死他乡；也可能发财发迹，荣归故里。衣锦还乡的男子成了当地人的楷模，他们当中不乏巨商大贾，或将事业做回了老家，或回来建大宅、修宗祠、搞慈善，光宗耀祖。和顺人的物质和精神财富就这样靠着"走夷方"的方式沉淀和代代传承。

　　和顺保存下来的建筑无不体现着这种文化，述说着这种荣耀。

　　和顺的主要景点是"和顺小巷"，近万平方米的古建筑环河而建，门面堂皇，建筑气派光鲜，多为大户人家，如今已开辟成马帮馆、滇商馆、走夷方馆、马帮歌会等会馆和作坊，展示着西南丝绸古道和滇商辉煌的历史，还原和顺人的马帮生活场景和"走夷方"的生活方式，让人们在领略滇西南博大精深的历史文化的同时，对和顺人也满怀敬意。

　　和顺的大街小巷，保留着较多明清时期建筑。徽式的粉墙黛瓦，西式的雕花玻璃、铜窗錾雕，"三坊一照壁""四合院""四合五天井"的传统中式建筑格局，无不烙上了"走夷方"人东西兼并的审美情趣。主要的商业街，各种装修豪华的翡翠店、有印缅风情的工艺品店、古朴的商号、银号门面，都是"走夷方"人从外面引进的事业，他们在累积财富的同时也繁华了古镇。

　　和顺人的姓氏观念浓重，各姓分族划片而居，同姓聚集，相互扶持；房子毗邻，相互连通，形成了有和顺特色的巷道，这些巷道依着山势自上而下，每个通往主街的巷口都建有庄严的闾门，闾门上必题上代表家族特征和修养的诸如"民国人瑞""青標彤管""俗美风淳"等吉语，显示这个家族的理念与荣耀，并区别于其他族亲。闾门对面一般建月台，种植椿树、香樟之类的常青树，摆设石桌、石凳，供族里老人乘凉休息，相互照应。据说，那是"走夷方"男人因常年在外无法对家中老人尽孝而特意提供的场所,希望老人能在与邻里的和睦交往中安度晚年。

当然,"走夷方"男人愧疚最多的是家里的女人。她们常年独守空房,如果丈夫客死他乡或一去不返便得寡居终身,孤独凄凉。因此,古镇门口那一道道巍峨的牌坊表达了男人对女人的敬意,只有贞洁的女人才有资格经过牌坊,这似乎是一种慰藉,但更多是枷锁,锁住了女人终身的幸福。一个牌坊就有一个悲伤的故事。

而洗衣亭大概是"走夷方"男人对女人最独特、最温柔的表达方式了。这些别具一格的洗衣亭分散在河道景致最美、最醒目的位置,竟达六座之多。洗衣亭设计用心、建造讲究,以上好的瓦片做顶、青石建造,造型优美、亭亭玉立。格栅状的条石平搭于水面,踩踏舒服,可遮风挡雨,又方便女人洗衣、洗菜和淘米。我想淘洗的女人一边劳作,一边想着男人的贴心,心里一定是美滋滋的。

宗祠是我们在古镇看得最多的建筑了。几乎每走几百米便可见到一座宗祠,宗祠规模或大或小,都建得肃穆庄严。"走夷方"的男人衣锦还乡后,大多会修建宗祠,告慰祖先在天之灵,这也是这个古镇宗祠比别处多的原因,越是长期漂泊在外,越是对传统的东西固守,越是要表达自己的那一份心意。和顺的宗祠大多由"铁将军"把守。刘氏宗祠是较有特色的一个,临溪伴水、错落有致、典雅精致;寸氏宗祠则是保存和修复得最好的,建筑风格中西合璧,内设有戏台。宗祠内都有大量的匾联题词,还有祖训,弥漫着浓浓的文化气息。

和顺的图书馆堪称"中国最大的乡村图书馆"。建筑风格也是中西合璧,内有藏书7万多册,古籍善本1万多册,还有胡适、熊庆来、廖承志等文化大家的题字。图书馆是"走夷方"的男人和乡人捐资赠书扩建而成,至今还在使用,当地人可以到此借阅和读书。除此之外,他们也重视家乡的教育和慈善,捐建学堂、修建公路。因为这种文化的熏陶,古镇人荣辱不惊,极有教养,待人接物和颜悦色,讲话轻声细语,年轻人对长辈至今还使用敬语,遵守儒家的三常五规。小镇也走出了许多名人,如开国领袖毛泽东的导师艾思奇。

所以,来到和顺古镇,看到这些古意盎然的建筑,感受这里淳厚朴实的民风,领略悠远厚重的腾越文化,有一种时间停滞的感觉,仿佛岁月不曾侵扰,因为这里依然云淡风轻,淡泊静好。

· 艾思奇纪念馆

TIPS：

　　和顺古镇地处西南边陲，位于腾冲城西3公里处，古名阳温墩。因有河顺乡流过，改名"河顺"，后取"士和民顺"之意，雅化为和顺。和顺内清溪绕村、古宅祠堂、民风质朴，列中国十大魅力名镇之首。除了上述介绍的景点，还有元龙阁、文昌宫、艾思奇纪念馆、中天寺、弯子楼和千手观音古树群。

　　和顺古镇建议分东、西、中线三线游览：

　　东线·
　　入古镇大门左拐→和顺巷子（参观马帮馆、滇商馆、走夷方馆等会馆和作坊、总兵府、陷河湿地）→河边长亭栈道（电视剧《北京爱情故事》就在此处的河坝子取景）→刘氏宗祠→李氏宗祠→大月台和大榕树→龙潭和元龙阁→艾思奇纪念馆

　　中线·
　　古镇西侧→文昌宫、和顺图书馆、和顺抗战博物馆（内有腾冲的神马艺术展）→古镇商业街→进士楼和信泰号→参观古民居→中天寺

　　西线·
　　和顺图书馆往西走→福盛隆（寸家商号和老宅）→寸氏宗祠（重点参观）→贾氏宗祠→张氏宗祠→参观千手观音古树群→魁阁

　　和顺古镇依山而建，小巷道很多，而且弯弯曲曲，没有一条是笔直的，所以在寻找景点时，不妨勤问路，以免走错迷了路。

国殇墓园，一曲悲壮的英雄之歌

· 烈士墓冢

　　来到腾冲的人，无不去瞻仰国殇墓园，这是中国迄今规模最大、保存最完整的抗战时期正面战场阵亡将士纪念陵园，里面长眠着3000多名烈士的英灵。

　　20世纪40年代，中华大地四处硝烟弥漫，地处边陲的腾冲也概莫能外地卷入了战场。为了切断当时国际援华物资的唯一通道——滇缅公路，日本军反抄中国大后方，企图攻占云南，威胁重庆，迫使中国就范。1942年5月腾冲沦陷，5月5日，中国军队炸毁怒江上的通惠桥，将日军阻击在怒江西岸，与之对峙两年之久。1944年5月，为策应盟军，中国远征军发动了滇西反攻战，远征军的第二十集团军以 6 个师的兵力向滇西要塞腾冲发起全面攻击，历时 127 天，进行了 40 多场血战，终于全歼日军 6000 余人，光复腾冲，但国军也损失惨重，将士阵亡 9168 人，谱写了中国抗战史上一曲悲烈的英雄壮歌。时任国民政府委员和云贵监察使的李根源先生倡议兴建陵园以慰阵亡将士，并取名为"国殇墓园"。

如今的国殇墓园是腾冲参观人数最多的地方，人们到腾冲都自发地来瞻仰墓园，祭奠保家卫国的英烈。一进墓园最醒目的位置是一堵"中国远征军名录墙"，庄严厚重，墙上密密麻麻刻满了英雄的名字，当年十万远征军凭着满腔热血以正义之师远赴西南、远赴印缅投入世界反法西斯战争中，却因种种原因或战死沙场、或不知所踪、或流落他乡，最终了无声息，在历史上竟然没留下任何痕迹。还好腾冲保存下来的国殇墓园不断提醒人们，历史曾经存在的一幕，即使惨烈悲壮但不应该被遗忘。腾冲的有志之士至今都在寻找这批英烈的下落，要将他们的名字刻入名录墙，让后世永远铭记。

进入墓园内，松柏森森、芳草萋萋，庄重肃穆。整个墓园占地 88 亩，主体建筑讲究中轴对称，自下而上依次建有忠烈祠、烈士墓冢和烈士纪念塔。忠烈祠建在高台之上，建筑古朴，双重檐顶，回廊环抱，是中国典型的祠庙风格，台前祠内刻有蒋介石亲笔题字"碧血千秋"和"河岳英灵"等碑字和牌匾，墙内镶嵌抗日阵亡将士名录和 9000 烈士姓名。忠烈祠之后是烈士墓冢，遍布于小团坡山丘，坡顶立起了烈士纪念塔，墓冢以塔为中心，分成六个扇块，每一个扇块代表一个师，墓碑有序地分散在扇块中，虽简陋但详细刻着当年阵亡将士的名字、籍贯、军衔和职务，这里共埋葬着在攻城中牺牲的 3346 名将士的忠骨。墓冢下方有一个平台，摆满了人们敬献的鲜花，平台正下方镶嵌着于右任亲手所书"天地正气"的碑文，其中"地"字少一竖，这一竖的正上前方，是巍峨耸立的纪念碑，那意思再明显不过了，3000 多名英烈以铮铮铁骨和血肉之躯撑起了这顶天立地的一竖，他们是大地的脊梁，是民族的英雄！

墓冢的两侧还分别立着两块纪念碑，一块是滇西抗战盟军阵亡将士纪念碑，另一块是中国远征军抗日将士纪念碑。在墓园的右侧还有"滇西抗战纪念馆"，里面对中国远征军进行客观的评价，也对保卫腾冲而阵亡的国民党将士给予了正面的介绍和应有褒奖。

火山热海，激情与温婉的碰撞

· 蛤蟆嘴温泉

　　一位诗人曾经说过："这里九十九座火山，有九十九倍的激情。八十八处的温泉，有八十八倍的温婉。"当激情与温婉相遇，会碰撞出怎样的火花？腾冲，就是这么奇妙的地方。

　　由于地处印度板块和欧亚板块急剧聚敛的接合部，腾冲区域地壳运动活跃，岩浆活动剧烈，是火山密集的区域，其火山呈穹状、圆锥状、盾状和低平马尔式等多种形状，并以90多座休眠火山驰名业界，被誉为"天然火山地质博物馆"。腾冲县城就是建在火山之上的。

　　所以想要轻松地览得众多火山全景，而不是一个个去征服，坐热气球游览是最好的选择。从高空俯瞰，腾冲巍峨壮观的火山群一览无余，或凸或凹，千姿百态。凸者如钟鼎、如草帽；凹者如天坑；更多的呈现外凸内凹、如深浅不一的圆底锅般的奇美造型。经过亿万年的演变和滋养，大多数火山都已披上植被，草木葱郁，生机盎然。唯有火山喷发出来的熔岩寸草不生，怪石嶙峋，或如一条潜伏于河谷中的黑色大蟒，或如柱状、如绳状、如波纹状烙印于深山，令人畏惧，也令人叹服。

腾冲火山地质公园范围包括大空山、小空山、黑空山、城子楼山、长坡山、大团山、小团山等火山群，由南向北一字排开。火山很神秘，征服一座火山尚可，要一一征服可不那么简单，也没有必要，所以到火山地质公园一般都登小空山。小空山建有环行木栈道，踩踏舒适，可当作有氧运动，以了到此一游的心愿。

如果说腾冲的火山展示了雄伟壮观的气势，那么腾冲的热海则以温婉和梦幻景象使人流连，值得慢慢把玩品味。

腾冲的热海其实就是温泉，其特别之处在于温泉群集中，而且许多温泉水温达到90℃以上，形成了热浪翻滚、热气蒸腾、烟雾缥缈的奇特景象。每个泉眼都有自己的典故，如蛤蟆嘴温泉以形似一只坐着的蛤蟆而驰名，鼓鸣

· 黑鱼河

泉处真有沉闷的击鼓之声，还有诸如美女池、怀胎井、姐妹泉等。最著名的莫过于大滚锅温泉了。据说有一头牛不慎掉了进去，待人们过来抢救之时，只剩下一副骨架了，"大滚锅"因此而得名。

如此盛名的热海，怎能不去体验一下，感受舒筋软骨的轻松？在这里泡温泉有讲究。先到半露天的药池里泡上几分钟，有美容、瘦身、舒筋等五六个药池可供选择。然后移步室外，别有洞天：大小不一的各种露天浴池掩藏在亭台殿阁和怪石绿树丛中，回廊水榭贯通，曲径通幽，辉映着蓝天，说不出的清新与浪漫。露天池也有牛奶、咖啡、玫瑰、柠檬、芦荟等不同特色的温泉，代表着不同的疗效。最科学的泡法是由下而上找不同的汤池感受，循序渐进，中途可在凉亭休息喝茶，还可上熏蒸房熏蒸。这里的熏蒸房与众不同，直接以地热熏蒸，下面覆上新鲜的松针，垫上草席，人卧于此，盖上浴巾，在松香萦绕之中让蒸汽均匀地流入肌肤，打通筋络，激活每一个细胞。最后以原汤——硫黄汤收尾，对皮肤做最后的保养，至此，全套的温泉SPA一一感受，全身酥软、周身通红。

TIPS：

1. 坐热气球可在火山地质公园报名，一般时间7:00~11:00，费用200元/人。

2. 游览火山地质公园的小空山之后，可前往10公里远的火山暗河出水口——黑鱼河，其出水口掩藏于石缝中，稀松平常，但水量极大，水流湍急，清澈见底。此地特产黑水鱼，肉嫩味鲜，值得品尝。最后再进入龙江峡谷参观扇形的柱状节理，此处全为黑色的六方柱体。

3. 参观热海公园时，记得买鸡蛋到大滚锅煮，山下一串5元，山上一串10元，大滚锅两边有两个有盖小锅都可以水煮，经热海煮过的鸡蛋味道特别香。没有安排泡温泉的人也可在大滚锅处泡泡脚，感受一下热海的特别滋味。

· 陷河湿地

DAY 1　　上午至腾冲和顺古镇，入宿休整；下午走东线，参观和顺巷子、大月台和大榕树、龙潭和元龙阁、艾思奇纪念馆。

DAY 2　　上午走中线参观文昌宫、和顺图书馆、和顺抗战博物馆（内有腾冲的神马艺术展）、商业街和古民居，最后去中天寺。下午走西线，参观福盛隆、寸氏宗祠、千手观音古树群。

DAY 3　　游览火山公园，或坐热气球，或爬小空山。寻找火山暗河出水口——黑水河，品尝黑水鱼；进入龙江峡谷参观扇形的柱状节理；最后参观国殇墓园和叠水河瀑布。

DAY 4　　参观热海公园，并泡泡热海温泉。

　　5月北海的鸢尾花正当季，这个季节不妨游览北海湿地，此处的水草不同于别处，漂浮于水面，踩踏松软舒适；泛舟于此，清新迷人。

　　11月腾冲的樱花盛开，可到樱花谷欣赏樱花盛况，在樱花谷泡温泉免费，比较原生态。

基础信息

交通·

如何到达腾冲?

1. 腾冲建有机场,从昆明可搭飞机至腾冲。
2. 昆明、大理、保山、六库、芒市、瑞丽、龙陵等地均有大客车往来腾冲。

如何从腾冲到和顺古镇?

1. 腾冲机场有面的到和顺古镇,包车 50 元,可坐 6 人。
2. 腾冲县城到和顺有 6 路旅游专线车,到和顺乡票价 1 元。

如何从腾冲到国殇墓园?

搭乘 3 路和 6 路公交车,或者步行;如果住在和顺,往腾冲县城的车子都会经过墓园。

如何从腾冲到热海公园?

腾冲县城有旅游专线车直抵,或坐 2 路公交车。

如何从腾冲到火山地质公园?

腾冲县城有中巴前往马站,下车后向东步行 1 公里。建议包车,火山、黑水河和湿地公园都在一个方向,相互间有点距离,包车一天可游览完毕,面的 300 元 / 趟。

门票·

和顺门票 80 元,可参观和顺巷子、图书馆、文昌宫、滇缅抗战纪念馆、弯子楼、艾思奇纪念馆、元龙阁等景点。70 岁以上老人、

Plus

基础信息

残疾人、现役军人、儿童、本地居民凭证免票，学生半票；住宿在古镇内门票可打八折，由房东做证即可。若只进古镇不进景点，则无须买票。

火山门票 40 元，热海公园门票 60 元，热海温泉票 268 元；火山与热海套票 298 元，含火山、热海门票和温泉票，并送一碗饵丝。北海湿地公园门票 110 元。樱花谷门票 50 元。

住宿·

和顺的住宿大多为私人客栈，根据位置和装修程度不同而价格不一，好点的标房价格在 200~300 元 / 间，若是家庭兼做客栈更便宜，大约 100 元 / 间。

观景楼民居

地址：和顺抗战博物馆侧
价格：100 元 / 间
电话：13378754694、15987507284

居然居小品客栈

地址：和顺古镇十字路村 15 号（和顺图书馆往西 50 米的河边）
价格：标房 120 元 / 间、套房 150 元 / 间
电话：15769988205、13094368630

Plus

基础信息

美食·

饵丝、大救驾、黄焖鸡、傣味撒撇、土锅子、烤粑粑、稀豆粉

和顺图书馆往西 50 米，居然居小品客栈边的洗衣亭，有一个老阿婆在此卖早点，有稀豆粉、烤粑粑、烤油条和稀饭，味道委实不错，稀豆粉加烤粑粑一份 5 元。

商业街往上走约 50 米的林源饭庄，有大救驾、黄焖鸡、傣味撒撇、土锅子等特色菜品，人均消费 30~40 元。

·和顺古镇广场

Plus

再
逛
逛

叠水河瀑布 ·

这是中国唯一的城市瀑布。大盈江的滔滔江水从 46 米高的断崖上飞泻而下，形成了雄奇壮观的叠水河瀑布。瀑布之上太极桥凌架，可凌空观瀑，惊心动魄；也可上到观瀑台，并赏名人墨迹。

交通：从国殇墓园步行约 5 分钟可到达，门票：30 元

来凤山国家森林公园 ·

在凤山路南段腾冲民政局旁，可参观文笔塔、来凤寺，步行可至，游览时间 3~4 小时。

云峰山 ·

位于腾冲县城西北 50 多公里的瑞滇乡，海拔近 3000 米，远看形如玉笋挺立，因峰腰常常云雾缭绕，故名"云峰山"，"云梯三折"被誉为腾冲十二景之首。

门票：110 元／人，索道 160 元／人，套票 188 元／人

· 一国两寨大金塔

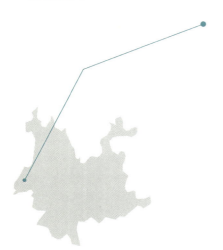

瑞丽位于云南省西部，隶属于德宏傣族景颇族自治州。

东连芒市，北接陇川，西北、西南、东南三面与缅甸山水相连，村寨相望，毗邻缅甸国家级口岸城市木姐。

同时，瑞丽也是中国西南最大的内陆口岸，重要的珠宝集散中心。

CHAPTER

8

中缅风情

●

瑞丽

瑞丽是座充满风情的城市。当傣族少女穿着紧身筒裙婀娜而过，曼妙的身材是这座城市最惊鸿的一瞥，连同独特而神奇的景致以及别样滋味的美食，让人流连忘返。

瑞丽的景点小巧而闲散，但具有浓郁的傣家风情和热带雨林特色，还有独特的一寨两国，令人难忘。

一寨两国，银井与芒秀的趣味

· 一国两寨的边境木栈道

顾名思义，一个寨子跨越两国边境，单凭这一点，就足够吸引人们的眼球。我们以为这只是一个小小的景点，简单地游览以满足好奇之心，不想竟也趣味横生，消磨了大半天时间。

在一寨两国，一些东西因为跨越两国而具有非凡意义。

边境上的水井，有着浓郁的傣家风格，水井上方以双檐石塔镇守，石塔上精雕着各种精美的动物图像；下方正中篆刻着"一寨两国水井"的大红汉字，两边分别刻上缅甸和傣家文字，显得古朴雅致。水井前方有两个造型简洁大方的石缸，以龙头出水，左边石缸刻上中国，右边写着缅甸。还有的水井因为方位的不同，一侧刻着缅甸，一侧刻着中国。在傣家，这样的水井也许稀松平常，但在这里就显得别有意义了。

寨里最热闹的地方莫过于秋千了。以两排结实的竹子架起的秋千令人童心大发。这一荡可就是出境旅游了，因此，不论男女老少，都玩得特别起劲。

与缅甸交界的地方，戒备森严地竖起了铁丝网。对面的缅甸冷冷清清，一条简陋的泥土路，零星的几座房子掩映在树丛中，与这边中国的繁荣热闹形成了鲜明对比。

我们沿着边境的木栈道信步游逛，场地逐渐开阔，小桥流水、草木扶疏，还有傣家竹楼，环境十分优美，令人感觉心旷神怡。路的尽头是大金塔，规模略小了些，但在此处也显得气派壮观，是一个标志性建筑。

返回途中，进入了正在兴建的中缅街，一排排商铺拔地而起，正在装修，这里将来或经营玉石、或小商品、或餐饮，不得而知了。但最醒目的是一处缅甸茅草屋，正在售卖缅甸的椰子，正是口干舌燥的天气，小店生意极好，满满的一屋子客人。

当然，寨内还有一些标志性的建筑和装饰，如银井寨，喷泉广场，擎天玉树石，都精美绝伦，极具观赏性，显然处于境内了，不如跨境的景点来得有趣，游客也寥寥无几。

所谓山不在高，有仙则名；水不在深，有龙则灵；寨不在大，有意思就行！

TIPS：

"一寨两国"景点距离瑞丽市区约10公里，位于著名的中缅边境界碑旁。国境线将傣族村寨一分为二，中方一侧称银井，缅方一侧称芒秀。寨内的老百姓语言相通，习俗相同，相互往来，和睦共处。

傣傣小调，酸甜苦辣冰刺激着味蕾

· 傣傣小调餐馆

　　入宿瑞丽当天，我们即向宾馆的工作人员询问附近的傣族风味美食，工作人员不假思索地推荐了"傣傣小调"，据说味道很正，特别是手抓饭做得很好，在附近颇有盛名。

　　兴冲冲地找到了"傣傣小调"，餐馆上方装饰的一些饰品马上引起了我们的注意，这些饰品都是傣族平常的乐器和生活用品，如锣鼓、小鼓、雨伞、竹篮、竹帽等，有20多种。这些五花八门的东西或挂在墙壁上，或吊在上空，看似无序，竟也达成了协调，产生了小小的情调。这便是傣家的小调调。与餐馆的小名呼应，给我们留下了极其深刻的印象。

　　这家餐馆的老板是缅甸人，服务生也是缅甸人，店中只有一个机灵的年轻人略懂些汉语，便由他负责点菜和招呼客人等重要工作，但并不妨碍他们将生意做得风生水起。

　　我们本是冲着手抓饭去的，却在点菜时犹豫了。这里的手抓饭以簸箕代碗，上面铺上干净的芭蕉叶，饭团摆放中央，周边依次放上七道菜肴，菜中有肉有蛋，但看上去古里古怪的，似乎不太合口味。想着这么多人同时围着这个簸箕用手抓着吃，有点不太雅观，便放弃了，或许这成了此行中的一大憾事。

　　之后，我们毫不犹豫地点了"泡鲁达"，这是瑞丽的一道甜品，极负盛名。玻璃碗上盛着的泡鲁达极为养眼，白、黄、红、绿多种颜色相间，白的是椰奶和椰丝，黄的是炸面包碎，红的和绿的是果冻，满满的一大碗，清凉爽口，一下子就打动了味蕾。一碗下去也基本半饱了。这里的菜品果真不错：番茄鱼做得酸甜适度，色彩艳丽，很有食欲；马蹄圆子则清淡可口，清凉降火；酸水牛肉的牛肉软烂度恰到好处，汤汁味道醇厚；豆腐煲火候掌握恰好，外酥里嫩，口感饱满，还回荡着浓郁的薄荷味；青菜是时令的野菜，细嫩水灵。唯有菠萝饭以红米、花生和红豆制成，品相和味道均差了些，不似泰国的菠萝饭来得喷香和丰富。

　　因为所处地域炎热，人们的口味较淡，所以傣族饮食便以酸、甜、苦、微辣和冰爽刺激着味蕾，形成了极具特色的地方美食，特殊的味道令人久久不能忘怀。

TIPS:
　　傣傣小调位于瑞丽瑞江路 43 号，川喜饭店边。瑞丽江广场姐告路两侧也有诸多风味餐馆，值得品尝，人均消费 30～40 元。

瑞丽这样玩！

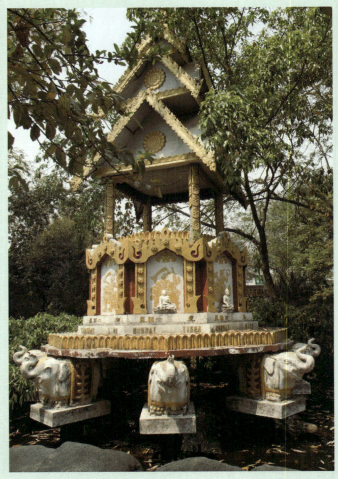

· 独树成林景区装饰建筑

　　瑞丽的景点小巧而闲散，如果行程安排紧凑些，包个车子一天便可以搞定，还可以顺带把你送到芒市，推荐游览顺序如下：

　　国门和中缅一条街→大喊等弄奘寺→一国两寨→喊萨奘房→独树成林→莫里热带雨林→芒市

Plus

交通·

如何到达瑞丽?

1. 瑞丽周边城市芒市、腾冲和保山均建有机场,其中芒市离瑞丽最近,车程仅 2 个小时,可选择坐飞机至这些机场,再转车至瑞丽。
2. 昆明、芒市、保山、腾冲、陇川、龙陵、大理等地均有班车往返瑞丽。

如何到达瑞丽各景区?

因为瑞丽景区内景点小且分散,建议包车游览,省时省力,包车费用 300~400 元;若还要送至芒市 700~800 元。

门票·

一寨两国:30 元;独树成林:15 元;莫里热带雨林:50 元。

住宿·

瑞丽为边城,宾馆较多,标间价格在 80~200 元 / 间。若想体验傣家风情,可选择住大喊等民族村;或想交通便利可住市区。

如家快捷酒店

价格:100 多元 / 间
电话:400-820-3333

大喊等弄奘寺 ·

大喊等民族村在瑞丽市区南 18 公里处，是个纯粹的傣族村寨，村内乡土气息浓郁，颇具傣族风情。寨内的弄奘寺是典型的傣族建筑，像一座傣族古代宫殿，许多影视作品曾在此拍摄。

喊萨奘房 ·

位于瑞丽市南面 4 公里处，是瑞丽傣族村寨中最富丽堂皇、规模最大的一座奘房（寺庙）。它与附近的傣家竹寨构成了一处统一协调的建筑群，为傣家建筑的精华，寺内塑有一尊巨大的释迦牟尼佛像。该寺庙在中缅边境一带较有影响，香火旺盛。

独树成林 ·

瑞丽芒令村口有一棵大榕树，正处在国道 320 边，这棵榕树枝繁叶茂，高大挺拔，并长成了一片树林，甚为奇特，当地人称之为"迎客榕"。

莫里热带雨林 ·

位于瑞丽、陇川、芒市交界的莫里峡谷，以热带雨林著称，往芒市途中可路过。该景点有佛泉圣水池、佛陀脚印等佛迹，还有一座佛寺，景区内热带、亚热带植物遮天蔽日，终点为莫里瀑布。

　　一个普通的水井，因为跨境而有了特别的意义。井的一侧是中国，另一侧是缅甸，界线清楚了；但民俗文化无国界，人们相亲相爱，和睦共处，同饮一口井。

一寨两国水井

· 勐焕大金塔

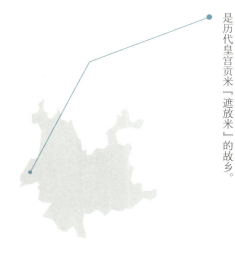

芒市

芒市位于云南省西南部，傣语之意为『黎明之城』。

这是一个典型的以傣族、景颇族、德昂族、阿昌族和傈僳族为主的少数民族边境县市。也是通往瑞丽、陇川、盈江、梁河，直到缅甸的交通枢纽。

芒市民族风情浓郁，风景秀丽，被誉为『孔雀之乡』，是历代皇宫贡米『遮放米』的故乡。

佛的小城

·

芒市

从来没想到,芒市竟然是云南德宏州州府所在地,只是因为想瞻仰勐焕大金塔,不知不觉地来到了这座城市,然后,才认识了这座城市,并对它莫名地产生了好感。

这座城市让人感觉心灵纯净,生欢喜之心。澄亮的天空,清新的空气,仿若佛光普照,充满着圣洁;宽敞笔直的道路,大王椰摇曳着热带的风情……对一座城市的好感,就是这样点滴累积的。

勐焕大金塔，亚洲第一座空心佛塔

· 勐焕大金塔周边精美雕像

　　来到芒市，就是为了瞻仰勐焕大金塔，这是目前中国第一座金佛塔，亚洲第一座空心佛塔。

　　清晨，起一个大早，雷牙让山雾气弥漫。与前一天天气放晴、余晖交映、舒爽清心迥然不同的是，此时天气有点阴郁，空气中携带着水汽，微微透着凉意。正在独自懊恼之际，恍惚间，一座金碧辉煌的庙宇矗立眼前，在缥缈的雾气中若隐若现，令人产生错觉——以为见到了西天圣境。

　　或许是佛主垂怜，此时零星滴落的雨滴悄然而止，雾气散了些，厚重的云层微微露出光芒，洒向金塔，金塔顿时显得亮澄，显得庄严神圣。塔前的石阶左右两侧，各有五首龙护道，昂然挺立的龙头相连如巴掌，又似利器，威猛而又奇特。一位法相端庄的菩萨持钵率众比丘夹道相迎，一信女虔诚跪拜，一信男五体投地。整个庙宇风格与国内寺庙截然不同，洋溢着异域风情。

传说，释迦牟尼生前曾转世为金鸡阿鸾，在此生活，每天鸣啼报晓。佛主涅槃数百年后，佛教弟子"召罕大""阿罗汉"为传播佛主教义在此山修炼，传经布道。神奇的是，为了让"召罕大"有个修行的好环境，野草和荆棘都主动避让，"雷牙让山"因此得名，为"野草让开"之意，此后人们在山上建塔，并视此地为佛教圣地。佛塔曾经被毁，现在的勐焕大金塔是2004年在原址上重新修建的。

我们拾阶而上进入庙门，大金塔更显富丽堂皇。这是典型南亚傣王宫建筑风格的庙宇，白墙镶着金边，金色的比例大于白色，使整座金塔光彩夺目，蔚为壮观。金塔为八角形四门四层结构，呈钟形建造；最中间为大金顶，高达76米，每层都有小金顶渐次簇拥，繁复华彩；每道门都重金装饰，并錾刻各种精美的花卉和动物图案，门前有白象等神兽执守。金塔的周围分别是大象、金鸡阿鸾、智慧鸟、佛本生和十二生肖共16尊神像护卫，据说他们是佛主轮回时顺利转世的16种动物，大多已神化和人化了，个个装饰精美、体态端庄、面容俊俏、肃穆纯净。这些都是专门从缅甸请来的能工巧匠倾心雕作，为的是能接近佛国原汁原味的风格。庙宇每隔一段时期便会重新进行粉饰，此时，我们看到一位布衣工匠正细心进行修复，他的巧手之下，菩萨的妆容立即栩栩如生。

塔内，通透而宽敞，金塔的下三层建成空心，由中心方柱支撑，方柱面向四个方向分别供奉着四座装饰不同的天然汉白玉大佛像，代表着他们各自主宰的不同空间。与中国寺庙大雄宝殿内供奉的燃灯佛、释迦牟尼和弥勒佛等代表过去、现代和未来，或者东方药师佛、娑婆释迦牟尼和西方阿弥陀佛代表空间的佛像还是有略微不同，让我们感受到了区域的差异性，以及佛教与当地文化的紧密结合。

除了主体建筑的精美绝伦，勐焕大金塔的其他建筑也都建造华美，具有浓郁的地方风情。如休憩长廊，典型的傣式建筑，长廊连着耸起的塔尖，线条流畅，造型优美，金柱红瓦金边，翘角处专门装饰孔雀头，也是华彩精致。

金鸡阿鸾是庙宇最显眼的主角，四处都可见其昂首挺立、鸣啼报晓的雄姿，这还不够，在庙宇的东面专门塑造了一尊硕大的金鸡，双目圆瞪，神采飞扬；在其不远处，巍然耸立着一座柱形碑塔，上面也站着一只意气风发的金鸡。是的，金鸡是佛陀的化身，是庙宇的主人，是芒市的吉祥象征，给予怎样的尊荣都不为过。

芒市有很多菩提树，最受尊崇的当数大金塔边的一棵，据介绍是从斯里兰卡的菩提母树上分植而来。当年释迦牟尼在菩提树下悟道，感叹"一切众生皆具如来智慧法相，但因烦忧执着而不能证"。传说从该树分枝移植的菩提树仅有斯里兰卡和吴哥窟两棵，尤为珍贵。勐焕大金塔因为机缘获此佛物，实属不易，寺庙显著的位置专门介绍了当年隆重的迎种仪式，也显示了勐焕大金塔在佛界的特殊地位。

站在大金塔的观景台上，芒市全貌一览无余，这座城市高楼林立，欣欣向荣；当风起雾笼之时，城市又恍若浮屠世界，虚虚幻幻，缥缥缈缈。浮屠与众生，就在一念间；此岸与彼岸，弹指一挥间。望着金光闪闪的佛塔，似有所悟，竟然满心欢喜。

TIPS：

　　勐焕大金塔位于云南德宏州州府芒市东南部孔雀湖畔的雷牙让山顶，塔高76米，底座直径50米，为八角四门空心佛塔。该塔目前已成为芒市的标志，在芒市任何角落都可看到这座金碧辉煌的大金塔。

树包塔，一个相互依存的奇迹

· 树包塔奇观

佛的城市，神奇无所不在。

比如，树包塔的存在，是该感慨造物者之神奇，还是赞叹佛法之无边？个体的事件存在于偶然之中，偏偏发生在金鸡阿鸾为之报晓的城市，这难道仅仅只是巧合？

种子的力量可以摧毁一切阻挡它的东西，只是当它偶然地掉落在佛塔上的时候，奇迹发生了。时光荏苒，种子吸取天降之甘露及日月之精华，开始茁壮成长，它以潜移默化的神奇功力，依附塔体，穿透塔身，直至长成了参天大树。塔是它最牢固的根基，支撑着它伟岸的身躯；它实现了塔对成长的渴望，不断地向更高和更宽处延伸。生命与理想就这样毫无争议地完美结合。不用言语，它们紧密地环抱在一起，共荣共生，共同缔造奇迹。

若非亲眼所见，你永远无法想象眼前的奇景。佛塔与菩提树已完全融为一体，分不清彼此了。

这座佛塔已颇有年头了。据史料记载建于清乾隆五十三年（1788），距今已有200多年的历史，最初是由芒市的一个土司为了纪念一场胜利的战争而专门修建的。塔由砖石砌成，呈八角形，塔内供奉有佛像，四周由四座小金塔和四只神兽护卫组成。只是庄严的佛塔已被菩提的根枝缠绕，并深深地镶嵌其中；塔体的底部有开裂的痕迹，但越往上越为菩提树的根枝围拢。塔与树形成了密不可分的一个整体。

或许是佛塔的护佑，如今这棵菩提树长势喜人，树枝已高达30余米，高大挺拔、英姿勃发。树冠覆盖近千平方米，枝繁叶茂，更显老当益壮，令人啧啧称奇。

站在这棵菩提树下，我想，如果当年塔阻止树的成长，那么，或者塔土崩瓦解，或者树英年枯萎，200多年的时间淘洗，或许一切均灰飞烟灭，何来如今树包塔、塔包树的奇观？神奇的是，树与塔都选择了包容，于是它们相互依存，相互渗透，存在且成长着。

TIPS：

树包塔在芒市友谊路上，原门票10元，现周边的场面平整基建，不收门票。

· 大金塔前的精美雕像

　　芒市景点较少，重点是参观勐焕大金塔，回程时可顺带参观勐巴娜西珍奇园，再回到市中心参观树包塔和菩提树，这两个景点相距不远。

基础信息

交通·

如何到达芒市?

1.芒市有机场,从昆明可直飞芒市。
2.昆明、大理、瑞丽、保山等地均有公交车至芒市。

如何从芒市到勐焕大金塔?

在芒市可搭乘5路公交车,若走盘山公路上山顶可在大金塔岔路站下车;若走石阶上山,可在抗战纪念塔站下;若不想爬山可直接乘出租车至大金塔,单程20元。

门票·

勐焕大金塔:40元/人;勐巴娜西珍奇园:40元/人。

住宿·

芒市是德宏州首府,基础设施完善,酒店林立,不愁住宿,建议住在市中心,方便购物逛街和参观景点。

· 金鸡阿鸾

再
逛
逛

菩提树·

位于芒市中心，在德宏州人大附近的三岔路口，从树包塔走路过去约 10 分钟。树下有一座汉傣合璧式的小寺庙，供奉汉族和傣族的神灵，其中就有财神爷关公。

勐巴娜西珍奇园·

园内展示的古树、树化石为全国之最：古树名木数量最多、年代最久；奇石特别树化石规格最大、精品最多。园内还有宗教文化展示馆、景颇族风情村、民族文化宫、娱乐广场等。

交通：去勐焕大金塔途中会经过，乘出租车约 10 元，可先参观勐焕大金塔，回来途中再游览。

五云寺·

芒市的第一座佛寺，始建于清康熙四年，寺中瑰宝为一尊从缅甸迎入的"帕拉过勐"佛像。寺庙周边聚集众多餐馆，是当地人的美食天堂。位于芒市红旗街北段西侧。

·傣族风格的休憩长廊

· 雾锁高黎贡山

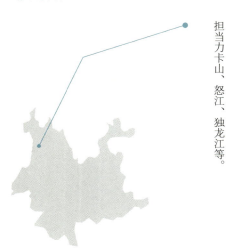

贡山

贡山，全称「贡山独龙族怒族自治县」，是云南省怒江傈僳族自治州下属的一个自治县。

地处滇西北怒江大峡谷北段，东与云南省德钦、维西两县相连，南与怒江傈僳族自治州福贡县相邻，北与西藏自治区察隅县接壤，西与缅甸联邦毗邻。

主要景点有碧罗雪山、高黎贡山、担当力卡山、怒江、独龙江等。

神奇之地

· 贡山

这是一块神奇的地方，处云南之隅、西藏之南。巍峨的碧罗雪山、高黎贡山、担当力卡山与奔腾的澜沧江、怒江、独龙江构成了地球上最美丽、最壮观的"三江并流"奇景，这里是最重要的区域中心，众多绝美的景致布局于此。

丙中洛、怒江第一湾、桃花岛、石门关、秋那桶，随便一处美景，都堪比被称为"香格里拉"的中甸。还有那神秘的独龙江，碧山绿水，与世隔绝……

丙中洛，最险最美最静的秘境

· 桃花岛民居

决定去丙中洛时，心里满怀期盼，这个云南与西藏交界处鲜为人知，隐藏着多少绝美的风光！

当真正启程前往丙中洛时，有点后悔，知道怒江偏远，却不知如此难达。飞至保山后，沿着怒江逆流而上，一天的车程还到达不了目的地，终日在大山坳里和峡谷中盘旋，这路程有点漫长和艰辛。

还好，进入福贡之后，怒江大峡谷终于展露出它迷人的风姿。

5月的怒江迎来了雨季。汛期的到来，使原本平缓、碧绿的怒江水浊浪滚滚，彰显无限生机和活力；雨水的浸润，使峡谷两岸青翠逼人，群山云雾缭绕，仿若仙境。当目光被眼前美景迷醉，再辛苦的旅程都已抛至九霄云外。

奔腾的怒江水在丙中洛不可思议地划下了两道弯道，把最美、最大气、最绝傲的景致留了下来，便义无反顾地一泻千里。

丙中洛乡日丹村的弯道号称"怒江第一湾"，是进入丙中洛的第一个大湾。因为受到地形地貌的影响，以及王箐千丈悬崖的阻挡，怒江突然在此拐了一个300多度的大弯，书写了一个大大的 ʊ 字，流畅地转了一个回旋的大凹状后安静地流走了。ʊ 的两头顶着险峻的大山，突出的部分与山体相连，形成了一个台地。台地里坐落着坎桶村，村庄掩映于树林丛中，地势平坦、良田数亩、江水萦绕，与外界隔绝，往来仅靠木船和溜索，堪称峡谷桃源。

清晨起个大早登上贡当神山，俯瞰怒江第一湾。高处之下的第一湾弧线毕露，于崇山峻岭之中更显大气磅礴。晨曦中丹拉大山云雾缭绕，白云如棉絮状向第一湾围拢，衬得眼前的景致既真实又虚幻，美不可言。可惜此时的江水浑浊，待到清澈湛蓝之时，想必是另一番景象。

· 怒江及铁索吊桥

怒江的第二道湾是桃花岛，紧邻丙中洛集镇。这个弯道显然不如第一湾造型来得奇美，但充满了古拙之意，如一个马蹄稳稳地踏在怒江之上，江水也不得不为之让道。桃花岛有铁索吊桥连着彼岸，岛上村寨叫扎那桶村，种满了桃花，生活着怒族人家。据说每到桃花盛开的季节，他们会举办桃花节，从祭祀到歌舞，通宵达旦，欢笑声不绝于耳。

寻一个傍晚时分，不妨徒步桃花岛，去看看岛上桃花盛开的盛景，寻访与世隔绝的村落，感受当地村民的质朴和友善。我们的桃花岛之行充满了趣味，两只素昧平生的小土狗一路尾随，竟然充当了向导，带我们在迷径之中找到桃花岛，令人称奇。神奇的土地，连动物都充满了灵性。

雾里村以常年云雾缭绕而得名，介于丙中洛和秋那桶之间，在怒江的沿岸，从公路上望去，就如同一轴古朴的画卷舒展于两山交界的碧绿中，宁静脱俗。这是我见过的最美的村寨。

司机小李告诉我们，雾里村最美的两个色调是生机盎然的绿和丰收喜悦的黄，最梦幻的影姿是早上云雾绕村的时段，可惜我们都错过了。我们遭遇了雾里村土地待耕的农闲，大面积的褐色烘托出村寨的安逸和恬美，一祥令人陶醉：周边山峦叠嶂、雾气生腾，镶嵌其间的雾里村清晰得使人感觉不太真实；一路咆哮的怒江水经过村寨时竟然放缓了脚步，变得轻柔平静，微微泛着白浪；雾里村如画卷般地平铺在山坡下，大片裸露的土地，呈肥沃丰腴的色泽；三三两两的高脚楼，轻盈错落；房前屋后的小树木仿若神来之笔点缀了画面的色彩，也丰富了画面的层次。这种由褐色主宰的景致透着古朴和宁静的气息，产生了唯美的效果，别有一番韵味！

秋那桶是怒江大峡谷北端的最后一个村寨。村落深藏于大山之中，依山势或鳞次栉比、或零星散落，不管哪种光景，在蓝天白云和巍峨青山的衬托下都有一种超然和清新，仿佛天上人间！秋那桶是摄影师的最爱，因为这里的建筑原始自然，不加任何修饰。极简的高脚楼高出地面几许，可防潮、防野兽、圈养牲口；房子的四周以横条板钉死，上方裸空保持采光和通风；屋顶取自大山里的石头片做瓦，有的规整衔接，有的不规则拼凑，这种简单质朴的造型放入相机镜头中都是抢眼的主角。生活在这里的怒族、藏族和傈僳族世代混居，简单快乐，他们虽然贫穷落后，但与世无争；他们敬畏自然，感恩生活；他们唱歌、跳舞、晒太阳，展现在镜头里都是一张张淡泊和纯洁无瑕的笑容。

沿着怒江继续逆流而上，我们寻到上游的那恰洛峡谷，柏油路不知什么时候消失了，取而代之的是凹凸不平的沙土路、更加艰难的行程和更加险峻壮美的风光。

那恰洛峡谷处于青藏高原和云贵高原地貌转换的地带，群山在此交错、挤压，峡谷幽深狭窄，越发险峻，愤怒的江水在崇山峻岭的夹击下千回百转，自西呼啸而来，水流越发湍急，水势愈加凶猛，水声震耳欲聋。此处的江面海拔陡然攀升至2000多米，落差达三四千米，两侧山体悬崖绝壁、怪石嶙峋，承受着江水常年的拍打，流露出岁月的沧桑与玉质的光洁。山路从悬崖峭壁中凿出，在大山大水中仅留下一道浅浅的痕迹，车子如同爬行的蚂蚁，显得微不足道。回望，浑黄的怒江水勾勒出峡谷的底色，隆重地在雾气萦绕的峰峦中留下洒脱的影迹，绝尘而去！

我们小心翼翼地在滇藏交界处止步，再过去就是西藏地界了，逐渐热起来的"丙察察线"，就是从丙中洛经此路进入西藏察瓦龙，再至察隅，这是一条最艰难的进藏路，但无限的风光尽在险峰！

TIPS：

丙中洛位于云南省怒江州贡山县北部，距贡山县城43公里，六库293公里，其东面为碧罗雪山，西面为高黎贡山，怒江自北而南贯穿全境，两山夹击一江形成了奇特的高山峡谷地貌。这里自古就是沟通滇藏的重要驿站，留有茶马古道、神秘的寺庙和传教士留下来的教堂，是一处不可多得的人文与自然景观。

独龙江，神秘的河谷

· 独龙江河谷

此行最惊喜的收获是探访独龙江。

正当我们要离开丙中洛时，意外得知独龙江的封山令解除了，隧道被打通，从贡山到独龙江原本七八个小时的车程现只需三四小时。这个特大的好消息令我们欣喜若狂，二话没说，立即调整行程包车深入独龙江。

独龙江没有特别出名的景点，但沿着独龙江公路行走进高黎贡山山脉，沿途都是美景。或许因为人烟较为稀少，这一带的生态环境明显好于怒江峡谷和丙中洛，河谷两岸的植被更为茂密，色彩更加饱满，苍翠中浅藏着星星点点的昏黄，多了些诗情画意。最有意思的是江水，仅越过一个山头，就始终碧绿莹透。车子在山峦沟壑间起伏盘旋，高山险峻陡峭，峡谷深邃幽远，不时有雪峰微露山头、云雾缭绕，移步换景，美不胜收。

进入独龙江峡谷，景色更加梦幻迷人。刚刚下过一场雨，山谷空气清新而湿润，天气有点阴郁，草木刚刚苏醒，江水碧绿轻盈，如一条玉带，在峰回路转中流淌，浅吟低唱。远处，雾气弥漫着山峦，时而从林间生起，烟雾缕缕；时而如丝带萦绕山腰，轻盈婉转；时而徜徉于峰峦，缥缥缈缈，我们仿佛误入了太虚梦境，又如走进了水墨轴画，游走于梦幻之中，已然分不清现实还是画境了。

平谷之中不时有屋舍错落，铁索桥凌空悬架，开阔处良田数顷，才将我们从恍惚中带回现实，这也是有人烟的地方。

世代生活在独龙江河谷的独龙族，是我国目前人口最少的少数民族之一，仅4000多人。因为交通闭塞，鲜与外界往来，独龙族的生产力水平低下，过着刀耕火种的原始落后生活，也被史书称为"太古之民"。

独龙族妇女有个奇特的习俗——文面。少女长到十二三岁时，根据自己的意愿文面，即从眉心、鼻梁到脸颊和下巴，连缀刺出小菱纹，再以锅底灰和草汁涂抹，形成了永远也洗不掉的青蓝色纹样，而这样的习俗背后却有不堪回首的历史。据史料记载和民间传说，近两三百年来，随着藏族土司和傈僳族奴隶主势力的入侵，独龙族人民深受残酷剥削和压榨，特别是年轻漂亮的少女，常常面临被掳走他乡的危险，柔弱的她们只好采取这种消极的办法自毁容颜，使人望而生畏，以免遭欺凌与践踏的厄运。新中国成立后，这个习俗被破除了，现在贡山地区的文面女仅20多个，平均年龄已经70多岁了，可以预见不久的将来，文面女将成为独龙族永远的记忆。

现在，政府在独龙江实施"安居工程"，以改善独龙族人的居住条件，我们一路上所看到的一处处崭新、规划统一的粉色调的高脚楼都是安居房。我们参观的独龙镇二村是目前最大的一个村庄，也是依山傍水，错落有致，有24户人家。独龙族喜欢散居，一个村落大多也就十来户人家，因此零零散散隐藏于深坳中。

这些安居房都是根据独龙族的生活习性，在原来住所附近兴建起来的，外观保留了原高脚楼的风格，主体结构已改为钢筋混凝土了，墙体象征性地贴上几条横木条，显得更为安全实用。我们参观的那家住户居室有 80 平方米，四房一厕一厨布局，还有阳台和一座副楼，楼下养猪养鸡，副楼用作厨房，保留用火塘取暖和煮东西的习惯，当然也添置了冰箱、电磁炉、消毒柜等现代生活设施。

独龙镇是一座新建设的小城镇，虽然只有一条街，但学校、商店、旅馆一应俱全，尤其学校建设得特别气派和亮堂，独龙族的孩子可以在这里接受正规的义务教育。如今，现代化生活方式已慢慢渗透进这座边远山城，独龙族人民生活条件得到很大改善，他们的生活将越来越美好！

TIPS：

独龙江发源于西藏的察隅县，入云南贡山境内后称独龙江，介于高黎贡山和担当力卡山之间，全长 250 公里，江水过马库后流进缅甸，汇入恩梅开江。由于受险峻的高黎贡山隔绝，去独龙江的交通不太便利，一年有半年时间被大雪封山。因为长期与外界隔绝，独龙江一带的河谷也被称为"神秘的河谷"。

· 重丁教堂

贡山这样玩！

贡山地处偏远闭塞，需耗费较多的时间在路上，行程衔接要紧凑，以免浪费时间。

DAY 1

从昆明搭飞机至保山，保山转车至六库，再从六库搭车至福贡。

DAY 2

从福贡包车至丙中洛，沿途可参观福贡匹河的飞来石，游览怒江两岸风光，远眺石月亮、江中松，临近丙中洛时俯瞰怒江第一湾和桃花岛。下午有闲暇时间可徒步桃花岛。

DAY 3

包车丙中洛一日游。上贡当神山远眺怒江第一湾全景及云海雪山→重丁教堂→石门关→雾里村→那恰洛峡谷→秋那桶（用午餐）→徒步滇藏茶马古道→普化寺→回丙中洛

DAY 4

从丙中洛包车至独龙江，参观独龙江小镇，普卡旺农家乐，到福利院慰问孤寡老人、拜访文面女。若时间充裕可深入独龙江下游游览两岸风光，参观月亮瀑布，并徒步至与缅甸交界的界碑处。

DAY 5

从孔当沿着独龙江上游行驶至雄当，沿途欣赏独龙江河谷绝美风光；下午原路返回，回到贡山。

DAY 6

从贡山直接搭车至六库（约七八个小时）。第二天再从六库奔赴其他目的地。

Plus

基础信息

交通·

如何到达六库？（六库为怒江州重要的交通中转站）

1. 从昆明搭飞机至保山，再从保山转车至六库。
2. 昆明、下关、保山、老窝、瑞丽、芒市、腾冲、兰坪均有车直达六库，班次集中在上午至中午。其中，昆明至六库 573 公里，车程 10 小时，票价 250 元。下关至六库 242 公里，车程 6 小时，票价 80 元。保山至六库 149 公里，车程 4 小时，票价 54 元。腾冲至六库 239 公里，车程 10 小时，票价 93 元。

如何从六库到贡山和丙中洛？

六库有班车至福贡、贡山和丙中洛。其中六库至福贡 144 公里，车程 3 小时，票价 40 元，上下午有多个班次；至贡山 250 公里，车程 8 小时，票价 62 元；至丙中洛 293 公里，车程 10 小时，票价 93 元，至贡山和丙中洛只有上午的班次。

丙中洛景点较为分散，小面的均可到达，建议包车游览，含参观贡当神山、重丁教堂、石门关、雾里村、那恰洛峡谷、秋那桶、滇藏茶马古道、普化寺等景点的包车费 600 元，若不去那恰洛峡谷 500 元。

如何从贡山和丙中洛到独龙江？

1. 贡山至独龙江 79 公里，每天只有上午 10 点一个班次，车程 3~4 小时，票价 46 元。若沿着独龙江峡谷游览，则必须包车。
2. 从丙中洛包车至独龙江，并沿独龙江河谷游览，包车费用 1 天 600 元，2 天 1100 元，3 天 1500 元。推荐司机小李，熟知景区线路和景点，人热情，口才好，电话 13988629836。

Plus

基础信息

门票·

丙中洛：100 元 / 人
独龙江目前不需要门票

住宿·

丙中洛小县城内有很多私人客栈，装修得非常有情调，设施配备
齐全，标间价格 80~150 元。

德拉姆客栈

房东德拉姆是位极有个性的旅行探险家，他的传奇人生和探险经
历令人津津乐道。客栈整理得干净舒适，还提供免费休闲室。

价格：100 元 / 间
电话：0886-3581239，13618861651

古道坊客栈

价格：120 元 / 间
电话：0886-3581181，13988603465

独龙江小镇的客栈仅有四五家，条件相对一般，但房源较少，建
议提前预订，标间价格 80~120 元。

普卡旺度假村

价格：300 元 / 间
电话：18869799888

Plus

基础信息

独龙乡宏腾酒店

价格：128 元 / 间
电话：0886-3588288

美食·

丙中洛和独龙江小镇的一条街布满了餐馆，吃饭问题不用发愁。
特别推荐重庆饭店，价格实惠、菜量多、味道好，人均消费 20~30 元。
在独龙江建议拜访独龙族家庭，并体验他们的生活，可预约在他
们家里吃饭，萝卜饭和小鸡炖汤是必点美味。

最佳时节·

怒江峡谷和丙中洛旅游季节是每年 10 月～次年 4 月，其中以 3~4
月最佳，这个季节江水绿，桃花、油菜花盛开，美轮美奂。5~9
月是怒江的雨季，怒江水发黄，并伴有泥石流和塌方。
独龙江只有两个季节雨季和雪季，每年的 11 月～次年 6 月大雪
封山，不方便游览；6~9 月是雨季，河谷两岸云雾缭绕，景色迷人。

· 怒江第一湾

再逛逛

怒江大峡谷 ·

怒江发源于青藏高源的唐古拉山，经西藏、四川，进入云南省怒江州，再过保山、德宏，流进缅甸，注入印度洋。怒江大峡谷全长 1000 多公里，高差 2000 多米，有的地段甚至达到 3000 米，是世界上最长、最神秘、最美丽险奇和最原始古朴的东方大峡谷。

福贡的石月亮 ·

高黎贡山中段 3300 米的峰顶，有一处巨大的，因大理岩溶蚀而成的透视山洞，如一轮明月镶嵌于山峰之中，气势非凡，当地人称石月亮。在福贡往贡山途中可看到，可在观景台上拍照留影。若攀爬至石月亮处可欣赏到"三江并流"的雄伟景观，但得安排两天时间。

重丁教堂 ·

位于丙中洛 2 公里的重丁村内，1931 年兴建，现在的教堂建筑是重建的，处于群山良田之中，是绝美的一景。丙中洛往雾里村途中，拍照即可，或逢礼拜日可进教堂参观村里人做礼拜、唱圣歌。

石门关 ·

处丙中洛北端，去雾里村途中一景。高黎贡山和碧罗雪山夹击怒江，在此处形成了两座高耸绝壁的巨大石门，直冲云天，仿若天堑，怒江从石门中喷涌而出，雄伟壮观，气势如虹。

云南
·
下一站去哪儿

YUNNAN

丽江、香格里拉、西双版纳、泸沽湖……

这些符号下的云南，

早已不神秘。

坝美、普者黑、元阳、东川、瑞丽……

才是我们向往的下一站。

还有，

即将展开的——

弥勒、元谋土林、双廊。

弥勒，清新修行好地方

· 弥勒寺山门

如今，弥勒市是名副其实的"佛都"，弥勒寺也是佛界公认的"弥勒道场"。初到弥勒市的人，总对到底"先有弥勒寺，还是弥勒市"感到好奇，老想探个究竟。

据史料记载，弥勒地名并非来自佛教，而是古代部落首领的名字。唐代之时，该地域为南诏国巴甸、布笼甸一带，首领名叫弥勒，其部落亦称弥勒部。随着历史的发展变迁，弥勒地名从元代的弥勒千户演变到弥勒州，再到清朝的弥勒县，乃至如今的改县立市，皆有史可查，轨迹清晰可鉴。

至于弥勒寺，则更多地带有民间的神话色彩。诸如因有弥勒在此显灵，布道传经，遂建成寺院；也有传是高僧如玉，禅定见到弥勒真相，一路追寻而来，终于找到这座形似弥勒的灵山秀地，并在此化缘建寺，供奉弥勒，取名弥勒寺，等等，不一而论。

初到弥勒市时，气候已酷暑难耐，太阳毒辣辣的，大地被炙烤得仿佛要冒烟。奇怪的是，来到锦屏山下，满目葱绿，清凉之意顿时涌上心头；不时有山风吹拂，增添了清爽之气；再游览佛门胜境，便不似初来乍到时的火急火燎，心中多了份闲情逸致。

美如其名，锦屏山较之周周山脉，山形独特，如一面巨大屏风，矗立于天地间，钟灵毓秀；又似一尊弥勒大佛，结跏趺坐，护佑众生；山上植被丰富，草木茂盛，青翠养眼的气势使周围群山失色，加之山腰间显现的青石开道，殿宇层叠，红墙黄瓦，巍峨壮观；金色大佛端坐高处，流光溢彩，祥云缭绕，灵山佛地，非同一般。

弥勒寺的台阶修建工整，笔直而上，延1999级之绵长。依次有山门、天王殿、大雄殿和大佛，左右两侧分别是大运院和大智院，建筑为中国传统寺庙之风格，庄严穆肃，雄伟气派。落成于1999年的弥勒大佛安然端坐，笑容可掬，高1999厘米，据说是目前世界上最大的笑佛。寺庙里还供奉有弥勒强巴相、弥勒思维相、弥勒仙光相、弥勒布袋相、弥勒天冠相等各种造型各异的宝相，精美绝伦，极为罕见，使弥勒寺一跃成为"弥勒道场"之大寺。

·弥勒寺钟楼

·弥勒大佛

· 罗汉壁像

　　大雄宝殿边侧的大智院静谧宜人，颇有古意，是原来的老寺，另有寺门和山路，建筑保留着明代遗风。大多木质结构，屋楣梁柱雕花刻龙、彩绘祥云瑞兽，门窗精雕镂空，均表达美好寓意。这片建筑群有思维殿、迦叶殿、大智院、观音殿和厢房，庙宇错落有致，廊道相通，古树苍劲，清泉潺潺，清新雅致，是清心修行的好地方。

TIPS：
　　弥勒寺位于云南省弥勒市锦屏山上，是滇东南最为著名的佛教圣地，因市名弥勒、山似弥勒、寺名弥勒、佛名弥勒被人津津乐道。弥勒寺真实的记载是创建于明朝天启年间，至今已有389年历史。寺庙信徒众多，香火旺盛。清乾隆帝曾御赐寺政金漆托盘、檀香木雕佛像、清洁佛珠三宝，轰动一时。弥勒地区的民众大多信佛，民风淳朴，故有"佛都"之美誉。

云南小旅行

Plus

基础信息

交通·

如何到达弥勒市？

从昆明东部客运站搭车至弥勒西门站。全程 138 公里，车程约 2~2.5 小时，票价 50 元，客满即走。

如何达到弥勒寺？

在弥勒市的 9 号路大理寺站点搭 12 路公车可至弥勒寺，票价 3 元。

门票·

弥勒寺门票 40 元，含新寺和老寺。拾阶而上先参观新寺，瞻仰大佛，再游览老寺，领略锦屏山风光。

住宿·

弥勒有众多温泉度假酒店，可免费泡汤，价位 200~500 元不等；还有许多家庭旅馆，价格 60~150 元 / 间。

美食·

卤鸡米线、过桥米线、风吹豆豉。

元谋土林，欢迎来到魔幻世界

· 浪巴铺土林

太阳冲破云层，万丈光芒倾洒而出；地面上耸起各种奇形怪状的土堆，如剑戟、如城堡、如殿宇、如塔尖，或独自屹立、或成双成对、或连成一片，千姿百态，连绵不绝，在光线的调和下，更显富丽堂皇，美轮美奂。

这是我无意在网上搜索到的一张元谋土林美照，如此大气磅礴的景象令人震撼，便一路追寻而来，为的是能亲眼见到这一真实意境。

元谋土林处于云南省楚雄彝族自治州，分布在金沙江支流龙川江西侧，元谋县西部和西北部的百草领山脉余脉，共有13处之多，其中物茂土林、浪巴铺土林、班果土林是元谋土林群落中面积最大、景色最壮观、发育最典型、色彩最丰富的三座土林。

物茂土林也称虎跳滩土林，是开发最早、距离县城最近的土林，景区面积有 8 平方公里，分东、西、南、北、中 5 个游览区，分布着 45 个主景点，为团队游客所青睐。浪巴铺土林也称新华土林，是元谋面积最大、保存最好、最原生态的土林，景区面积 12 平方公里，有 100 多个主景点分布在 4 个游览区中，是当地人和驴友均力荐的景点。班果土林则比较寡闻。

我不喜欢往人堆里扎，喜另辟蹊径，在静寂中欣赏景致的唯美和淡泊。因此，浪巴铺土林成了不二的选择，即便面对恶劣的天气，也坚定不移。

此次的云南之行接连遭遇豪雨，到了元谋也概莫能外。潮湿而又阴冷的气候，考验着我们游览的恒心和勇力。

浪巴铺土林比物茂土林多了近一倍的距离，而且大多是盘山公路，60 多公里的里程走了近三个小时。沿途不断地掠过一些小土林，三三两两，不成规模，但被大自然的鬼斧神工削成形态不一的模型，冷峻干练，显示出了岁月的刀工，也让我们对浪巴铺土林多了几分期许。

浪巴铺的气温比起县城又冷了许多，天空中飘着雨丝，冷风飕飕，添了一些寒意。或许是雨天的缘故，偌大的景区看不到游客，如此荒凉粗犷、绝美天成的景致独自向我们开放，心中既满怀欣喜也忐忑不安。

不由分说，游览车直接将我们带到了 2 号览区高处，从此处眺望，土林景观一览无余。经历了地壳运动、风吹雨打和岁月的淘洗，眼前的土林显示出沧桑的肌理和魔幻的形状。这一片，土林如城堡，塔尖交错、基座相连，连绵不绝，蔚为壮观；那一边，山峰削如刀刃、如矛戟、如齿状，如剑峰、千奇百状，峰回路转；远处，河尾水库的水位上涨，水质浑浊，但周边绿草葱茏，将土林衬托得大气磅礴，巍峨壮观。

我们显然忘记了览车司机的叮嘱，将他教我们辨认方向和线路的方法抛到九霄云外，只顾一头扎进土堆，不一会儿就迷失了方向。浪巴铺土林千回百转，层层叠叠，步道弯弯曲曲达 5855 米之长，每个景观都独放异彩，远观有远观的气派，近览有近览的妙处，在流连顾盼之间，早已忘记了方位和区域了，眼里只有这些奇妙的土林。

近观的土林更为雄伟壮观，形神兼备，有的似一只可爱的哈巴狗头，翘首回盼，憨态可掬；有的如身着盔甲的武士，刚毅挺拔、气宇轩昂；有的像观世音端坐，安静祥和，护佑众生；更多的土林连成一片，呈屏风状、圆锥状、峰丛状和柱形状，稀松的土质露出流水侵蚀的痕迹，斑斑条条、沟沟坎坎，既原始沧桑，又沉雄激昂，浑然天成。

　　我们如入无人之境，在土林里徘徊，尽情地观赏和拍照。不知不觉中天色渐晚，幸好景区很人性化建有红色和黄色两种步道，红色步道在景区中蜿蜒，黄色步道则可以通到出口。尽管迷失了方向，但只要找到黄色的步道，还是能顺利走出土林。

　　岁月是把"雕刻刀"，风神和雨神是雕刻师，它们珠联璧合地将土林雕琢成如今的魔幻世界，不知若干年后，又会将土林打造成怎样的景象？

· 这片土林呈屏风状，如城墙，巍然耸立　　　　· 这就像一对情侣，相互守望

TIPS：

　　元谋土林，位于滇中高原北部，距离省会昆明146公里，距四川攀枝花120公里，交通便利，是国家4A级景区。物茂土林和浪巴铺土林是元谋两大建设得较为完善的景区，配套开发有旅游观光车、摄影客栈、绿色餐厅、卡丁车、山地越野摩托车等旅游服务设施。

Plus

基础信息

交通·

如何达到元谋?

从省会昆明和四川攀枝花均有客车和火车至元谋。

如何从元谋到达物茂土林?

元谋到物茂土林 25 公里,每天有 4 趟班车,时间分别为 9:20、11:00、15:30、16:30,票价 10 元,车程约 40 分钟。从物茂土林发车的班车时间则为 7:30、8:00、12:30、13:00。

如何从元谋到浪巴铺土林?

元谋到新华的浪巴铺土林 60 公里,每天只有 12:40 一趟班车,票价 20 元,车程 2.5 小时。从浪巴铺发车时间则为 7:30。

门票·

物茂土林门票 80 元,浪巴铺土林门票 70 元,旅游观光车 20 元。

住宿·

元谋县城宾馆、家庭旅馆众多,但条件较为简陋,推荐元谋宾馆(客运站附近),标间优惠价 268 元;若观土林日出、日落可选择入宿景区宾馆,浪巴铺景区宾馆,标间 180 元,设施齐全。

最佳时节·

元谋土林最佳旅游季节为每年 11 月~次年 3 月,为干季,气候舒适;土林最佳拍摄时段为太阳初升的清晨和夕阳日落的傍晚,色彩更为艳丽迷人。

双廊，在最美的地方等待

· 洱海日出

　　终于来到了双廊，急促的脚步慢了下来。面对着清澈湛蓝的洱海，面对着重峦叠障的苍山，面对着似乎永远明媚灿烂的阳光，还有双廊弥漫着的小资情调，心情不由得放松了下来，心态自然地回归淡泊和悠闲。双廊是制造这种状态的地方，这是一个没事可以晒晒太阳、吹吹海风、发发呆的地方。

　　在双廊，一定要租个机车（摩托车）或者单车，漫无目的地骑行海边，让海风拂面，听海浪歌唱，沿途景致会美醉你的双眸：洱海碧波荡漾、海水满盈盈地仿佛要溢出来，时而霞光辉映，水天一色；时而路过静谧的港湾，青山层峦，水草丰盈；时而经过农家屋舍，抑或滨海客栈，天然无琢的质朴和清新雅致的装点总是相得益彰。最受不了洱海湖畔，偶尔停泊着三两小船，或枯枝倒插，或树木静立，这种不经意的点缀，却产生了唯美的效果，引得我们一行人尖叫。骑行的速度明显放慢，停停拍拍、裹足不前，贪心地想把每一寸美景收入囊中，浑然不觉时光已悄然流逝。

双廊镇到挖色镇，据说是"中国最美的骑行线路"，这一段公路平缓、视野开阔、海岸弧线优美。但是 15 公里的路程，对骑单车的人是个体力考验。若可以，不妨骑上机车，轻踩油门，恣意驰骋。终于在夕阳西下的时候到达挖色镇，此时挖色镇昏黄迷人，一条长长的石头路延伸向海中，海水漫过路面，人们戏水、打闹、拍照，如凌波之上，感觉非常奇妙。有好几对新人甜蜜地拍着婚纱照，风起海涌的瞬间，婚纱扬起，定格在画面中的必定风情万种，终身难忘。

洱海的日出来得较迟，无须起个大早，7:30 从双廊镇驾着小舟出海，便可一览红日东升的风采。

晨曦中的洱海静谧迷人。晓光乍起，洁静如洗的天空一片晕红，也映红了水面；没有太多的云彩渲染，也没有太强的霞光挟持，一轮红日冉冉露出了山头。起初，如蛋黄般的光鲜；不一会儿，便光芒四射，周遭的群山顿时黯然，只留下波光潋滟，辉映着太阳的光芒，像燃烧的火焰，晃动着、跳跃着。

我们屏住呼吸静候美好时刻，海面上点点小舟也静止不动，洱海的精灵——海鸥率先打破静寂，它们划过水面发出了欢叫声，洱海涌动了，人们的目光转向这群精灵，举起了长枪短炮，或抛撒食物，越来越多的海鸥聚拢过来，萌萌地觅食和嬉耍，可爱极了！

此时光线非常柔和，轻抚着皮肤，舒适干爽，我们不再全副武装，沐浴着晨光，荡漾在洱海的微波中；小舟载着我们穿梭于双廊的玉几和金梭双岛，海岛的风情一览无余。而我似乎更愿意就这样晒着太阳，泛舟洱海，让时光停滞！

除了绝美的自然风光，双廊镇蓬勃兴起的家庭客栈、咖啡馆、餐饮、小吃、工艺品等特色小店交融成一股化不开的小资情调，使人流连忘返。

无敌海景是双廊赋予客栈骄傲的代言，它们真实诠释了"面朝大海，春暖花开"的浪漫意境。双廊镇内狭长的海岸已然被密密麻麻的客栈占据，细分成风情迥异的建筑和私密空间，形成了一道独有的风景线。如果能住上一天，那真是幸福的人，阳光、大海，还有美景全归你享有，可以任性发呆了！

或者，找个海边的咖啡馆，来杯浓浓的咖啡，在咖啡的香溢满沫中，就着眼前美景，也能消磨大半时光；实在不行，沿着海边的栈道，总有地方让你挪不开脚步，让你心跳。

大建旁村的海地生活1号，白色的长桌和高椅，极简约的造型，已然成了双廊发烧的地方，人们愿意在烈日下排队，也要留下一个面朝大海发呆的背影；玉几岛上杨丽萍的月亮宫，阳光玻璃房奢侈地留住了人们对阳光和海景的期盼，也留下了很贵、很高大上的回忆；堤岸上的白色遮阳伞和休闲椅，透着淡淡的欧式小情调；停泊在岸边的白色花篷小船也有着"野渡无人舟自横"的浪漫。最有意思的是双廊的某些角落，赫然地挂着一些有趣的牌子，写上"我在双廊，你在哪里""如果你也在双廊""也许故事正在发生着，也许爱情就在洱海边等着"等或调侃或温暖的句子，诱发了人们初恋的感觉。也许双廊是属于两个人的世界，也许总有一个"我"在双廊最美的地方等你！

所以，来双廊，你真的可以什么事都不做，晒晒太阳、吹吹海风、发发呆，就足够了！

TIPS：

双廊位于大理市东北部，洱海东北岸，距离大理下关35公里。双廊北至红山庙有萝莳曲、南至挖海镇有莲花曲等"双曲"弧形海岸，前有金梭、玉几双岛环抱其中，故名"双廊"。来双廊旅游当骑车环"双曲"，泛舟览"双岛"，领略双廊独有的海岛风情。

云南小旅行

基础信息

交通 ·

从大理下关或古城包车至双廊约 40 分钟，车费 200 元 / 辆。或在下关北站，或古城南国城路口搭中巴至双廊，约 40 分钟一班。

门票 ·

双廊没有门票，但租机车 40~50 元 / 辆（小摩托车 40 元），租自行车 30 元 / 辆，租船 20~30 元 / 人。登金梭岛（也称南诏风情岛）门票 50 元。

住宿 ·

双廊镇多为私人经营的客栈，客栈所处地理位置不同价格相差很大，海景房视观景角度和豪华程度价位在 600~1500 元 / 间，普通房间多为 100~300 元 / 间，海景房一般要提前预订。

美食 ·

烤乳扇、黄焖鸡、酸辣鱼、饵丝砂锅是当地的特色美食，推荐杨记私房菜、117 小院私房菜，味道相当赞。

· 洱海边

这是一趟期待许久、
必须实现的梦想之旅！

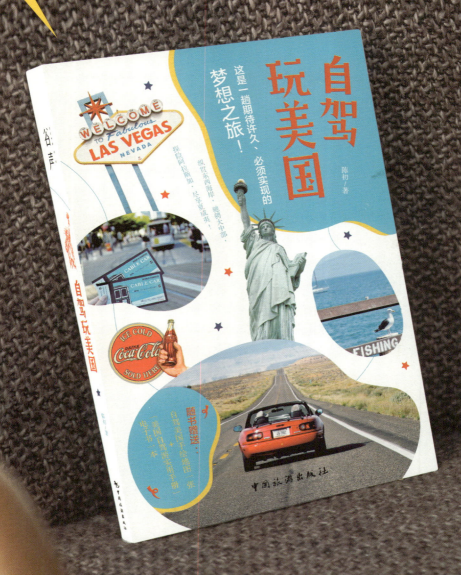